董明珠的谜

格力的那套办法

郭昭晖 ◎ 著

GELIDIANQ

铁娘子行棋无悔创营销奇迹

HEXINKEJ

中国财富出版社

图书在版编目(CIP)数据

董明珠的谜:格力的那套办法 / 郭昭晖著.—北京:中国财富出版社,2016.1

ISBN 978-7-5047-5902-3

Ⅰ.①董… Ⅱ.①郭… Ⅲ.①空气调节设备—工业企业管理—经验—珠海市 Ⅳ.①F426.6

中国版本图书馆CIP数据核字(2015)第238804号

策划编辑	刘 晗		**责任编辑**	刘 晗			
责任印制	方朋远		**责任校对**	杨小静		**责任发行**	邢小波

出版发行	中国财富出版社	
社　　址	北京市丰台区南四环西路 188 号 5 区 20 楼　邮政编码　100070	
电　　话	010-52227568(发行部)　　010-52227588 转 307(总编室)	
	010-68589540(读者服务部)　010-52227588 转 305(质检部)	
网　　址	http://www.cfpress.com.cn	
经　　销	新华书店	
印　　刷	北京高岭印刷有限公司	
书　　号	ISBN 978-7-5047-5902-3/F·2482	
开　　本	640mm×960mm　1/16	**版　次** 2016 年 1 月第 1 版
印　　张	16	**印　次** 2016 年 1 月第 1 次印刷
字　　数	208 千字	**定　价** 39.80 元

1

董明珠,在空调业是个掷地有声的名字,她是创造了中国营销神话的倔强女人。

她36岁南下闯世界,从一个集体所有制的小空调厂的销售员开始,凭借出色的才干一直升至格力电器总裁。

她领导的格力电器连续多年空调产销量、销售收入、市场占有率居中国市场首位,家用空调产销量连续3年蝉联世界第一。

她以特立独行的销售模式独步天下,一系列铁腕手段彰显其行棋无悔的品格,而她所倡导的"工业精神"更是发人深省。

她将格力电器发展为"世界名牌"和"中国空调行业标志性品牌"。作为具有丰富营销经验的优秀女企业家,"董明珠"这个名字是随着格力这个金字品牌一齐响亮起来的。

她被称作家电业的"拼命三郎",中国版"阿信",数次入选美国《财富》杂志评选的"全球50名最有影响力的商界女强人",成就了一个被寄予厚望的民族品牌。

她是一个给困境中的企业和个人带来光明的倔强女人。她的一举一动,往往会成为营销界、理论界津津乐道的经典案例。

……

总结董明珠的成就,离不开她一手探索出来的独具魅力的营销策略。

有人把董明珠对商界的贡献归纳为技术创新、营销创新、管理创新、人才组织创新。这四项"创新"正是驱动现代企业得以稳健发展的重要引擎。出身营销行业的她以营销创新为契机,在管理和人才组织上,大胆采用新思维,以其"霸道"的管理手段,影响了一个企业,影响了中国商界。

2

人们传说,董明珠很倔强,只要她认为是对的,没有人可以说服她,即使成为众矢之的,她也不会退让半步。

人们传说,董明珠很霸道,无论和谁谈生意,她都时刻掌握主动权,为此不惜放弃公司最大的经销商,甚至和国美"叫板",以至于有人说:"董姐走过的路,草都长不出来。"

人们传说,董明珠很简单,她总是把合作双方的利益均衡考虑,确保任何一方的利益都不受损,而经销商更无须挖空心思去考虑双方的利益博弈。

人们还传说,功成名就之后的董明珠不只在一个场合唱过这首歌——《藏起想哭的心》:"就这样站在人群中,紧闭双唇写满坚强,无论你什么时候回头望,你都会看到我笑得像太阳。就这样站在人群中,挺直的肩撑着倔强,藏起想哭的心,对你撒一个真诚的谎。藏起想哭的心,静静地打开从容那扇窗……"

可以料想,作为一名女性,董明珠在其长达17年的销售管理道路上,饱尝了常人难以体会的艰辛和无奈。她所经历的这些事情,有的壮怀激烈,有的琐碎繁杂,然而事无巨细,尽在心中。董明珠的成功,在于她对信仰的坚持,对梦想的追求。

3

董明珠有太多的"个性",恰恰是这些个性,造就了格力今天的辉煌。只有明白了她的这些"个性",我们才能明白格力艰难的成功之路。也只有明白了格力的"特色",我们才能明白格力为什么能够在竞争激烈的空调行业中脱颖而出。

中国有那么多的企业,规模比格力大的有很多,比格力小的也有很多,可只有了解了格力,你才能明白什么是真正的企业,什么是真正的企业家,什么是真正的企业家精神。

一个优秀的企业不光创造经济效益,还要创造社会效益,一个优秀的企业家也是如此。读董明珠的传奇,跟随格力的脚步,不仅仅能学到格力的管理模式和经营模式,还能学习格力的企业精神和董明珠的企业家精神。相信这些真实故事,定能给更多的普通人带来精神的激励与启发。

CONTENTS

目 录

第一章

狠抓质量，提高品牌含金量

1.品牌是产品的生命

格力是我国唯——家专业做空调的公司。格力的一条基本营销策略就是在空调产品上投入更多的研发资源，增强产品技术和质量水平，提高产品竞争力，董明珠认为，只有这样才能将格力打造成一个伟大的品牌。

格力的品牌战略就是围绕着企业战略目标制定的品牌发展目标、方向、价值以及资源配置。"好空调，格力造"这一句耳熟能详的广告语概括了格力坚持的精品战略——"打造精品企业，制造精品产品，创立精品品牌"。

与众多热衷于概念游戏的空调企业不同，格力志在通过精品战略来创建国际名牌形象。然而打造精品、创建国际名牌形象是需要

"真功夫"的，这一点在格力身上得到了最有力的验证。

格力的质量保障从上游对原材料的选择进行把关，到产品的设计研发、生产制造，再到销售环节的运输、售后的安装维修，在每一个环节都践行着"不拿用户当试验品"的承诺。在采购环节，格力坚持零部件100%全检，有任何一项不合格都不能流入生产线；在研发设计环节，格力严格执行"五方提出，三层论证，四道评审"原则，将产品的质量问题控制在设计研发的源头阶段；在制造过程中，格力注重对工艺质量的把关，"总裁十四条禁令""质量宪兵队"都成为格力为打造零缺陷工程而采取的"铁腕"措施；在运输环节，格力设立了国内首家完整的空调包装摔打实验室，将所有出厂后运输环节中可能发生的问题都事先想到，并将之消灭在萌芽状态。

此外，为保证安装质量，格力空调在对全国服务网点进行专业化技能培训、要求持证上岗的同时，还率先在业内创造性地建立"安装巡视监督制度"，为安装质量切实把关。

董明珠认为，在未来的市场竞争中，品牌之间的竞争将日趋激烈，强者恒强、弱者恒弱的格局将更为明晰，品牌将直接构成产品的生死线，最终的结局是强品牌得意，弱品牌式微，没有品牌完蛋。对于企业来说，要发展，就必须树立正确、远大的品牌观，必须具备大企业的气魄和立志做大企业要做的事。

品牌是一笔宝贵的企业财富，更是一只能承载企业并帮助企业实现腾飞的大鸟，也只有把品牌像大鸟那样精心养育呵护，它才能展翅高飞，翱翔于九天之外。

现在提起韩国，人们都会自然而然地想起三星、现代和LG等知名品牌。韩国企业自主品牌的形象，既代表了韩国的国家形象，也象征着韩国的经济实力，更是韩国企业赢得竞争的关键。

以南美市场为例，在过去的几年中，三星和LG的显示器占到了市场份额的七成以上；而在高端手机市场，韩国两大企业三星和LG则分别占据了40%的市场份额。与此同时，韩国造船业在世界造船市场上也占有最大份额，2004年时达到了44%的市场占有率；韩国的计算机存储器占世界市场50%以上；超薄液晶显示装置的世界市场占有率为37%。

靠品牌引领，韩国产品在国际市场上不断扩张，不断攻城略地，为韩国企业在世界经济版图上谋求到了自己的一席之地，也赢得一定程度上的话语权。

随着中国市场全球化进程的加速，品牌之争已经蔓延到人们生活的各个角落。从前可能还有人会说品牌其实就是一个去壳包装，撕掉包装后的内容是一样的。可现在，大家的观点都发生了变化。人们普遍达成了共识，品牌是产品的声誉和生命，离开了品牌，商品是无法生存的。

董明珠说："我认为空调业的竞争要凭借实力，但不仅仅是资金问题，应该最终集中在产品和品牌的竞争上。品牌是产品质量和技术的结合体，离开了产品质量，品牌无从谈起。未来由于产品的力量，格力产品的品牌效应应该越来越明显。"

那么，既然品牌对企业如此重要，企业应该如何提升品牌的核心竞争力呢？

第一，品牌竞争力的先决条件是企业必须有核心竞争力。企业核心竞争力是指企业赖以生存和发展的关键要素，比如某些核心技术、技能和管理机制等。一个连续取得成功的企业必定有其核心能力，这种能力需要开发、培养，需要不断巩固及更新，因为即使企业先前建立了核心竞争力，也还有可能再被瓦解。如何保持企业的竞争力就成了企业经营管理的重要问题。品牌竞争力是企业竞争力在市场上的商品化的表现，也可以说是企业竞争力物化的表现。

第二，信守承诺是企业品牌竞争力建立的关键点。很多企业品牌，其致命弱点就是"轻承诺，不守信"。如果企业要增强自己品牌的竞争力，首先要遵循基本的商业游戏规则，这是企业与国际接轨的第一步。美国前总统富兰克林在《给一个年轻商人的忠告》中有一句话："切记，信用就是金钱。"的确，市场经济的核心是信用经济，而以商业承诺为基石的品牌竞争力核心也必然是信用。

第三，品牌竞争力的核心是满足客户需要。品牌就等于客户，拥有客户才意味着拥有品牌，满足客户需求和维系客户关系的能力是衡量企业品牌竞争力的一项重要指标。

第四，专业化是增强品牌核心竞争力的路径。根据《财富》杂志的统计，全球500强企业中，单项产品销售额占企业总销售额比重95%以上的有140家，占总数的28%；主导产品销售额占总销售额70%~95%的有194家，占总数的38.8%；相关产品销售额占总销售额70%的有146家，占总数的29.2%。这说明500强企业品牌的核心竞争力来自于他们最擅长的行业，而不是面面俱到的多元化品牌。

总之，现代企业战略的重点在于最大限度地创造强势品牌，从而保证企业成为竞争中的强者，能够长期发展下去。

2.制定独特而清晰的品牌愿景

品牌愿景指的是企业在长远的未来要成为一个什么样的企业,它为企业提供了发展方向。然而格力未来要打造一个什么样的企业呢?

我们来回顾格力的发展历程,结合它的发展看看它每个阶段的愿景。

1991年, 海利空调厂和冠雄塑胶厂合并组成了一家公司,1992年正式更名为"格力"(GREE)。格力电器旗下的"格力"品牌空调,是中国空调业唯一的"世界名牌"产品。目前,格力电器已经是全球最大的集研发、生产、销售、服务于一体的专业化空调企业。2008年12月30日,世界权威的品牌价值研究机构——世界品牌价值实验室举办的"2008世界品牌价值实验室年度大奖"评选活动中,格力凭借良好的品牌印象和品牌活力, 荣登"中国最具竞争力品牌榜单"大奖,赢得广大用户的普遍赞誉。

作为一家国有企业,在创业阶段,格力秉承了"抓产品"的战略方针。在1991—1993年,新成立的格力电器仅仅是一家默默无闻的小厂,只有一条简陋的、年产量不过2万台窗式空调的生产线,但所有格力人在朱江洪董事长的带领下,发扬艰苦奋斗、顽强拼搏的精神,克服创业初期的种种困难,开发了一系列可以满足用户需要的适销对路的产品,抢占市场先机,初步树立起格力品牌形象,为公司的后续发展打下良好的基础。

进入企业的发展时期,格力的战略也发生了转变,由"抓产品"

转变为"抓质量"。在1994—1996年,格力提出了"出精品、创名牌、上规模、创世界一流水平"的质量方针,实施了"精品战略",建立和完善质量管理体系,出台了"总经理十二条禁令",推行"零缺陷工程"。通过短短几年狠抓质量的工作,使产品在质量上实现了质的飞跃,奠定了格力在质量上的竞争优势。而"格力"也由普通品牌一跃成为著名品牌,在用户中树立起良好的口碑。与此同时,从1994年起,董明珠总裁开始主管销售工作,凭借不断创新的营销模式,1995年格力空调的产销量一举跃居全国同行第一。

时间进入1997年,格力到了壮大阶段。该阶段公司的主要目标就是"抓市场""抓成本""抓规模"。截至2001年,格力将主要精力都放在狠抓市场方面,董明珠独创了被誉为"21世纪经济领域的全新营销模式"的"区域性销售公司",成为公司制胜市场的"法宝"。1998年,公司三期工程建设完毕,2001年重庆公司投入建设,巴西生产基地投入生产,格力的生产能力不断提升,形成规模效益;同时,通过强化成本管理,为公司创造最大利润。自此,格力的产量、销量、销售收入、市场占有率一直稳居国内行业领头地位,公司效益也连年稳步增长。在竞争激烈的中国家电业内,格力成为了真正的一枝独秀。

已经成为中国"空调霸主"的格力没有因此失去奋斗的目标,他们不甘心在国内取得的成绩,想要走出国门,争创世界第一。

到了2001年,格力电器确定了加快国际化发展的战略,提出了"争创世界第一"的发展战略目标,加大拓展国际市场力度,向国际化企业发展。这时,格力的愿景定位为缔造全球领先的空调企业,成就格力百年的世界品牌。为实现这个伟大的愿景,格力电器时刻将世界名牌的标准融入企业管理当中,带动企业的全面发展。继续通过加大科技研发力度,加强国内外市场开拓,加快产品产能扩张,依靠"坚持自主创新,掌握核心科技,以卓越品质取胜"的发展思路,以自主创新促进企业进步,以核心科技提升产业技术升级,争取以稳健、快速的发展态势继续成为全球领先的空调企业，最终成就格力百年的世界品牌愿景。

从2005年起，公司家用空调销量突破1000万台，实现了销售世界第一的目标，成为全球家用空调的"单打冠军"。格力空调，"领跑世界"的时代已经来临。

从2006年起，格力又提出了"打造精品企业、制造精品产品、创立精品品牌"战略，进入了创全球知名品牌阶段。格力在成功实现"世界冠军"的目标后，没有停下前进的脚步，而是努力实践"弘扬工业精神，追求完美质量，提供专业服务，创造舒适环境"的崇高使命，朝着"缔造全球领先的空调企业，成就格力百年世界品牌"的愿景奋进。

董明珠说："格力就是这样一路走来的，每一步他们都脚踏实地，每一步都目标清晰。虽然这段发展史中有格力人的泪水，但更多的还是格力人的欢笑。他们用自己的信心和决心缔造了一个中国人自己的品牌。作为一名中国人，我们应该为我们的国家拥有这样的一家企业，这样一个世界品牌而感到骄傲。"

从格力的故事中，我们看到，品牌愿景就像灯塔一样，为出海的船夫指引着方向，他们正是依据灯塔上的灯光找到了回家的路。

但是，一项对我国电子、电器、食品、饮料、服装等行业300多个品牌快速调查的结果显示，95%以上的品牌都缺乏一个独特而清晰的品牌愿景，大多数的品牌经营者很少投入时间去思考和界定品牌是什么？品牌往何处去？有相当多的品牌管理者根本就没有听说过什么是品牌愿景。

当然，很多品牌管理者对品牌愿景认识不够的原因不能完全归结于他们自己，因为这门学科并不完善，还没有像营销学那样拥有一个大家公认的标准。但是在专家们对众多成功品牌的研究中发

现:凡是成功的品牌都有一个清晰、明确的品牌愿景和品牌核心价值,特此总结了一个可参考的标准如下:

品牌愿景的制定如下:

(1)我们想进入什么市场?市场环境怎样?竞争者怎样?

(2)企业可以投入的有效资源是什么?

(3)企业的财务目标是什么?品牌又在这些目标里扮演什么角色?

(4)品牌现在的地位怎样?未来预期目标又如何?

(5)现在的品牌能够达到未来目标吗?

企业在确定品牌愿景的过程中,应该注意以下关键点,以避免品牌愿景成为大而空的套话,或者不能够被相关人员认同,最终犹如纸上谈兵。

第一,要有认同的企业文化氛围。品牌愿景的建立要依据企业内部文化,如果企业内部文化对品牌愿景非常认同,则品牌愿景的实施会非常顺畅和高效,如果品牌愿景有悖企业文化氛围,其成功的可能性则会很低。

第二,要有企业员工的参与互动。品牌愿景最终是由每个员工具体参与实现的,因此,品牌愿景的确定应有不同层次员工的参与互动。通过与基层员工沟通,倾听愿景实施的现实情况;与中层管理人员沟通,了解愿景的实施方案;与高层管理者沟通,掌握愿景形成的关键因素,等等。

第三,要深入洞察市场和用户。品牌愿景不单是企业董事会、管理者一厢情愿的事,它不仅代表了品牌经营者的愿望和目标,更是用户使用这个品牌的终极欲望的体现。品牌愿景要求品牌经营者必须对市场和用户深入了解,权衡品牌所承担的社会责任,增强对社会的使命感。

3.不打价格战，只打质量战

对于服务，格力始终都非常重视，可董明珠坚持强调，如果离开了品质这一点，一切服务都是妄谈。

董明珠在接受媒体采访的时候曾经说过："价格战年年都有，每个企业都希望自己在这个过程中多卖一点，我非常能够理解这些企业的想法，但用户实际上不是真正的受益者，因为价格战如果低于成本，唯一的办法就是靠偷工减料，你不可能亏损经营。用户买去一个不好的产品，他后续的每年遇到的维修，或者是达不到它的质量等一系列的问题都会反映出来。"

业内人士都知道格力从不参与价格战，而他们之所以这么做是因为，格力将品质摆在第一位。什么是价格战？低于成本销售的竞争行为就是价格战，董明珠如此解读"价格战"："其实我们是最有实力打价格战的，格力的家用空调已经是世界第一了，但格力不会这样做。价格战看起来是一个企业的市场行为，用户暂时可以受益，但从长远看，更多的是伤害用户。"她分析称，很多空调厂家打价格战慢慢"打不见"了，原因是用户在购买这些牌子的空调后，每次修理空调都要数百元，修理几次花的钱都够买一台新空调了。这样的空调谁还会买第二台呢？

格力信奉的是品质决定企业的生命，只有生产出稳定可靠的产品才是对用户最基本的尊重。有的企业一方面不注重产品品质，另一方面却高呼"服务至上"，这种服务理念，格力不敢苟同。为了保证格力产品的好品质，他们从原材料选用到设计始终从客户角度出发,试图打造出令客户满意的空调品质。

2006年,所有空调使用的原材料都在涨价,但朱江洪下令,"坚决不能偷工减料,一定要保证格力空调的品质。如果在质量与成本上发生矛盾,成本一定要服从质量。"

格力在设计空调时,为了追求高品质,始终秉承"不拿用户当试验品"的原则。只要格力认为没有成熟的产品,他们是绝对不会投向市场的。熟悉空调行业的人都知道,自变频空调登陆中国以来,格力几乎没发出过任何声音,甚至有用户怀疑,"是不是格力的变频空调技术不行才不敢推向市场"。可事实是,格力研究变频空调已经有十多年的时间了。他们之所以不推广变频空调,是怕品质不达标,影响了用户的使用,从而会影响格力品牌的口碑。

对品质的高要求,让格力连续多年稳居中国空调销售量的头把交椅,其较高的可靠性、低返修率让格力空调在国内外美名远扬。他们将"好空调,格力造"的品质和服务深深地植入了用户的心中。是品质造就了格力"称霸"中国空调市场的辉煌成绩。

随着科学技术和工业生产的发展,用户对产品品质的要求严格到了几近苛刻的地步。从推行ISO9001,到导入TS16949;从推行全面质量管理,到导入六西格玛,所有企业都在想方设法地提高产品的品质。他们普遍认为,"品质是企业的生命线",如果没有品质,产品根本就谈不上服务。企业如不重视产品品质,最终将遭到市场无情的报复。

海尔掌门人张瑞敏面对全厂职工慷慨陈词:"我们今天不砸冰箱,明天人家就会来砸我们的工厂。"随后,他挽起袖子,风卷残云般把76台次品冰箱,全部砸烂。由于张瑞敏对品质的高要求,让海尔从一个亏空147万元的集体小厂迅速成长为中国家电第一名牌。

高品质除了可以铸造品牌，还可以降低企业运作的成本，让企业减轻负担。好的品质可以避免或减少不良品的产生，减少物料损耗，从而节约制造成本；好的品质可以避免或减少不必要的返工，从而提高生产效率；好的品质还可以理顺企业的流程，提高管理效率，节约管理成本；好的品质更可以提升员工素养，让员工有归属感，帮助节约企业的招聘成本，等等。

总之，好品质就好比是一剂良药，让企业受益匪浅。

4.不打概念战，只打品牌战

随着家电市场的竞争越来越激烈，很多空调厂家不得不依靠概念来吸引用户的目光，这就致使现在的营销进入一个概念时代。而所谓的概念营销其重要特点就是，产品的核心卖点渐渐脱离了产品的本质功能，进而向一些新奇却虚无的概念靠拢。

对此，董明珠的看法是："空调增加了一些功能，完全是因为市场的需要，也是为了迎合用户的消费心理，但不该将这些功能神化，概念炒作应适可而止。企业将概念炒作得神乎其神是误导用户，是对用户不诚信的行为。空调业曾经经历过几个阶段，先是打价格战，可以说是误导用户；后来又有概念炒作，说空调可以治病。我最早看到的是说空调可以治感冒，这些说法对用户来说都是不负责任的。"

前些年，很多空调企业为了增加销量，纷纷在销售的时候打出变频空调、无氟空调的口号,但格力认为这是在进行概念炒作。董明珠公开表示,一些国内的变频空调没达到真正变频空调标准,而且中国没有真正的无氟空调。

董明珠之所以对其他企业热炒的"变频"概念发难,因为她是做空调的,她了解中国空调技术水平的发展现状。她认为真正的变频空调最大的特点就是舒适,要想舒适就是不停机,但目前我国还有很多企业,可以说很难做到不停机,尽管有变频的频率表现,但没有真正实现变频。

而在低碳经济的强大号召力之下,无论是在终端的卖场还是各种广告上,"无氟"的概念也成了不少空调企业主推的产品类型,各种宣传手册几乎铺天盖地。但格力坚持认为,中国没有真正的无氟空调。

董明珠说:"目前为止,中国没有真正的无氟空调,推出该产品的企业都是炒概念,现在的无氟空调其实都是有氟的,企业炒作概念是不尊重事实,就是撒谎欺骗用户。我觉得这不可能赢得市场,也不会赢得别人对你的尊重。"虽然因为格力的形式作风,让他们在概念战中不敌美的、海尔、海信等空调企业,但格力相信,无论如何,企业也不能因为想卖出去产品,而去欺骗用户。

董明珠还特别强调,现在很多企业提出来的"杀菌空调"根本不能够有效地识别有益和有害细菌,在杀死有害细菌的同时,也常常会把有益的细菌杀死,而人们生活在没有细菌的真空中对健康是根本没有好处的。一些品牌所谓的"杀菌空调"或者是"氧吧空调",无非是抓住用户对健康的需求制造出来的一个不符合科学原理的虚无概念,纯属是"概念炒作",是一种欺骗用户的手段。

董明珠坚持不对概念进行炒作的做法,很多人予以支持。

事实上,每一个产品都有自己的卖点,而这个卖点需要厂家来阐述，通过讲故事的方式讲给用户听。虽然说服用户是一门艺术，但它需要以产品为依托，以产品为导向。如果企业试图用独特的说辞去吸引用户，那么这套说辞就应该是实话，而且必须兑现。

著名的营销大师菲利普·科特勒曾经说过："最好的营销是创造好的产品。"舒尔茨也说过："在同质化市场中，唯有传播能制造出差异化大的品牌竞争优势。而有效的传播需要一个以用户欲求为出发点的轴心概念。"从两位大师的话中，可以得出这样的结论，在市场营销中，只有能够满足用户需求的产品才是第一位的。那些被炒作出来的概念，不过是某些企业为了宣传产品制造出来的噱头罢了。它是没有生命力的，过不了多久就会被人们识破。

什么是概念炒作？所谓的"概念"可能意味着对市场未来走向的深入挖掘，但也可能仅仅是一个市场炒作的借口，甚至是一个自欺欺人的幌子。"炒作"自然不用多说，就是想炒作的个人借助媒体用捏造、夸大、推测等非正常报道手段对某人或某事进行有争议而无意义的批评、赞扬或爆料。

现在很多产品制造厂商都在进行概念炒作。他们每年都声称推出不少新品，然后加大产品的宣传力度，宣传广告铺天盖地。而在宣传期间，厂家和商家又最容易拿这些新品来炒作，动不动就标榜"技术创新""速度提升几倍"，实际上，许多新产品并不像厂商们说的那么好，甚至有许多所谓的新技术都是换汤不换药，一些新功能都是用来炒作的，但往往价格提升不少，而受到蒙骗的只有用户，他们的利益最终受到了损失。

其实，无论是制造商还是销售商，制造卖点、提高产品销售量都是无可厚非的事情，但这个卖点不能是炒作，要是产品的真实功能，否则用户受到欺骗后，会对产品失望，企业也会因此失去客户，失去市场。

5.利润来自品牌管理

格力在发展历程中,在扩大生产能力、技术开发以及渠道建设方面投入了大笔资金,有时候投入和产出并不见得成正比。与此同时,格力还从不参与价格战,宁可丢掉市场也不降价。我们不禁要问:格力的利润从哪儿来呢?

对此董明珠的回答是:"我们向自己要利润,利润来自于品牌管理。"

20世纪90年代,空调刚刚成为热门产品,很多企业纷纷上马建立空调组装厂,仅广东一个省就出现几十家空调厂。这些厂,规模小,设备落后,重要配件都需要靠外协加工或外购而来,生产成本非常高,产品价格自然也很高。可当市场进入白热化竞争阶段后,这些小厂想生存下来,似乎就只剩下降价这一条路了,而降价就意味着要降低成本,对于上了规模的企业来说,问题不算大,而对于没有规模的小企业而言,则只有降低产品成本一条路而已。产品成本的降低,也许能够帮助企业暂时保留市场份额,但是长期坚持下去必然使企业既赔钱又丢了市场。

应付如此激烈的竞争,格力的策略是什么呢?格力意识到,产品质量是企业的命脉,唯有不断提高产品质量才是唯一的出路。为此,格力将创业阶段的每一分钱都用在了刀刃上,他们勒紧腰带也要进行技术改造。

1996年,格力投资2亿元建起了格力空调城,把生产空调所需的运输线、静电喷涂设备、检测道、热平衡检测房等先进设备都引进过来，使空调的产量实现了逐年翻番，规模效应逐步显现。

随着生产规模和产量的不断扩大，格力单位生产成本也在下降。据估算，空调生产企业在年产量一旦超越80万台这个"盈亏平衡点"后，就有条件大幅度降低生产成本，进而通过降低价格向用户让利。

此外，格力的成本控制还来自于以下两个方面：

第一，对原材料、物料采购成本的控制。格力有一个成本控制办公室，其职能就是控制这一领域的采购成本。不过格力的成本办公室并不直接参与客户的谈判，这就从根本上杜绝了成本办公室成员参与黑幕交易，从而保证了这一工作的质量和公正性。而且，为了控制成本，格力的员工还被要求一律使用专用账户拨打电话；下班时检查电脑电源、饮水机电源是否关闭；传真纸和打印纸是否需要双面使用，等等。虽然这都是一些细枝末节的问题，但可以降低企业的成本支出。

第二，提高员工的工作效率。为了做到这一点，格力成立了企管办，职能就是防止企业出现人浮于事的状况。该部门的工作内容是考察企业人事结构的合理性，组织岗位培训工作和绩效考核，不断降低管理成本。

董明珠说："企业管理关键是要使每项工作落实到位，具体落实到每个岗位和个人，真正实现责权一致，才能有效根除拖沓懒散的工作作风。"

降低成本可以增加利润，提高产品性能和质量，也可以不断增加产品的溢价收入。很多企业为了降低成本，要求员工加班，而最终生产出来的产品粗制滥造，不但会导致企业丢了市场，还会让企业赔钱。所以说，有时过于控制成本，不一定会收到好效果。以质量为根本，才是企业长久发展的动力。空调的质量有保障不仅可以有效赢得市场空间,获得更高的溢价收入,还可以避免由于索赔和维修造成的成本上升。

随着产品质量的不断提高,格力的产品不但能做到不降价,还保留着一定的溢价能力。溢价能力主要取决于产品的价格弹性、品牌认知程度和市场竞争格局等几个方面。格力在优质产品的保证下,又实行了灵活多变的产品策略,这都有助于格力的产品获得良好的溢价能力。

成本控制是企业的必修课,也是企业的基本功。无论外界经济环境好坏,成本控制对企业都显得至关重要。有的企业总是埋怨竞争太过激烈,导致自己的产品以现有价格出售,利润不大。但这些企业始终不愿意"向自己要利润",要知道,提高产品质量,控制低成本都是增加利润的有效途径。

管理界有一个著名的天花板理论。将产品的价格看成天花板,生产成本看成是地板。在层高固定的情况下,天花板越高,地板越薄,企业的生产活动和发展空间就越大。反过来,天花板越低,地板越厚,空间就越小,直至无法活动,最后被挤死。如果企业不想被挤死,就必须想办法,提高天花板的高度,削薄地板,给自己留出更多的生存空间。

企业如何才能向自己要更多的利润呢?也就是说,企业怎样才能更好地控制成本呢?

首先,一定要制定定额。定额是企业在一定生产技术水平和组织条件下,人力、物力、财力等各种资源的消耗达到的数量界限,主要有材料定额和工时定额。成本控制主要是制定消耗定额,只有制定出消耗定额,才能在成本控制中起作用。定额管理是成本控制基础工作的核心,没有很好的定额,就无法控制生产成本。同时,定额也是成本预测、决策、核算、分析、分配的主要依据,是成本控制工作的重中之重。

其次，要标准化工作。标准化工作是现代企业管理的基本要求，它是企业正常运行的基本保证，它促使企业的生产经营活动和各项管理工作达到合理化、规范化、高效化，是成本控制成功的基本前提。下面三项标准化工作极为重要：计量标准化，为成本控制提供准确数据；价格标准化，标准价格是成本控制运行的基本保证；质量标准化，没有质量标准，成本控制就会失去方向，变得毫无意义。

最后，制度建设。离开制度，就不能固化成本控制运行，就不能保证成本控制质量。成本控制中最重要的制度是定额管理制度、预算管理制度、费用申报制度等。在实际中，制度建设有两个问题。一是制度不完善，在制度内容上，制度建设更多地从规范角度出发，看起来像命令。正确的做法应该是制度建设要从运行出发，这样才能使责任人找准位置，便于操作。二是制度执行力度不强，老是强调管理基础差，人员限制等客观原因，一出现利益调整内容，就收缩起来，导致制度形同虚设。

总之，在企业无力改变外界环境的时候，必须学会向自己要利润，而通过控制成本，取得成本优势是最好的途径，对企业的生存至关重要。

6.实施"零缺陷"产品战略

产品质量是格力生命之泉。在这个讲求产品质量的年代，失去了质量，企业就失去了根基。朱江洪提出，抓质量就要"心狠手辣"。如果企业在产品的质量上都无法保障，就更不要提深层次的竞争了,企业有可能很快就被淘汰掉。

为了让格力可以更长久地在市场上生存,为了将格力打造成有生命力的百年老店,格力决定实施"零缺陷"产品战略,让格力的产品真正做到可以向世界知名产品看齐。

什么是"零缺陷"工程?董明珠解释说:"简单地说,零缺陷就是一次性把事情做好。具体要实现无重大设计、制造、材料缺陷;无重复发生的质量缺陷;无人为因素造成的质量缺陷。为此,从设计那一刻起,我们就开始抓质量,力求设计零缺陷,制造零缺陷,外协外购件零缺陷,从方方面面保证格力空调的质量臻于完美。"

自从格力首摘全国销售量桂冠的1996年开始,他们就率先大规模地在全厂范围内推行"零缺陷"工程。格力每推出一件产品,都历经了"千锤百炼"。设计前,必须经过长期缜密的市场调查;设计时,必须站在用户立场,尽最大力量满足用户实际需求和潜在需求;设计完成后,必须坚持"不成熟不投放市场"的原则,反复实验,直到产品的各项性能完全符合要求才批量生产,投放市场。格力之所以这样精益求精,目的就是做到零缺陷。这样既节省了成本,又能用高品质的产品征服用户。

为了保证产品质量,格力花大力气于1995年投入上亿元购买世界先进设备,成立中国乃至世界上最大的也是中国唯一的零部件筛选厂,且配置筛选工程技术人员500人之多。这个工厂一不生产零件,二不组装产品,它单纯就是格力的全检分厂,员工的任务就是对外购零部件、元件"过筛子",逐一检验,"禁止"任何一件不合格品流入生产线。

有人质疑,耗费巨大人力、物力干重复工作,是否值得?格力人的解释是,如果格力空调的合格率仅为99%,那么,就意味着一年有一万多用户要为维修空调而拿出休息时间,格力追求的是零缺陷。

在近几年中，格力还成立各类技术开发、性能实验室 170 多个，每年投入上亿元的科研和实验经费，配备各类专业空调研发工程师 1000 多人，包括聘请日本等空调技术领先国家的专家加盟，为格力电器配套厂家 300 多家企业进行严格的人员培训、严格的标准统一，将空调产品整体质量的提高，提前到技术开发、工艺改进、项目研究上。

格力还投入 500 万元建立了国际上目前技术水平最高、设备最齐全的长期运转实验室，可模拟各种室外恶劣气候条件，考验空调产品的质量，并通过长期的运转试验提高产品的可靠性，考核所有零部件的配合是否科学合理。为了让全体员工竭尽全力响应企业推出的"零缺陷"产品战略，格力还设立了 100 万元的专项奖励基金，用于奖励在推行"零缺陷"工程中的有功人员。

格力对质量的高标准、高要求终于有了回报。2001 年 2 月，通过国家质量技术监督局的审核，格力被授予"国家免检产品"称号。此后，格力成了好空调的代名词。

21 世纪是质量的世纪，企业如果想成为世界级的企业，打造世界级的品牌，必须有世界级的质量。今天，任何企业走出厂门就是世界，如果没有世界级的质量，就没有资格走向世界。所以企业必须具备现代质量管理的技能，才有资格与实力参与全球竞争。

被誉为日本"经营之神"的松下电器创始人松下幸之助曾这样说过："对产品来说，不是 100 分就是 0 分。"松下幸之助的话很容易理解，任何产品，只要在质量上存在着一丝一毫的问题，就得打 0 分。

日本从领土方面讲，是一个小国，但从经济上论却是一个大国。国土资源狭小的日本为什么能成为一个经济大国，其企业对产品质量的重视是重要原因之一。日本的产品以质量卓越而享誉世界,松下电器生产的产品更是众多优秀日本产品中的精品。早在 1984 年,英国对欧洲市场上的电视机进行了一次抽样检查,最终的结果是日本松下公司的电视机获得了第一名,开箱合格率达到了 100%。松下电器公司拥有数十万员工,子公司遍布世界各国,在这种情况下它是如何保持如此高的质量水平呢?这与松下电器公司对产品质量的高标准、高要求是分不开的。

与其他公司不同,松下公司对产品的质量要求到了近乎苛刻的地步。一般企业都是从经济意义上对待质量问题,因为当企业的次品率从 10%降到 5%时,就会很大程度地提高企业的经济效益,如果从 5%降到 1%,则在经济上就不合算了,而松下公司却能够在达到 1%后还追求降到 0.1%、0.01%,直到 0。如果你有机会去松下参观,那么在公司墙上的质量图表中,你会看到它的次品率并不像别的企业是以百分之几来表示的,而是使用万分之几表示的。当前,松下电器公司的次品率为 0.03%~0.05%,近期正在为 0.01%~0.02%而努力,最终的目标是 0。正是这种对产品零缺陷的追求确定了松下电器生产的产品在市场上的优势地位。

有人会想,质量上存在一点小问题,不算什么。但你是否想过这里有点小毛病,那里有点小缺陷,加在一起就是很大的毛病,很大的缺陷。质量上的小差异,实际上就是观念上质量意识的大差异。必须解决这种观念上的差异,才能从根本上解决产品的质量问题。董明珠曾这样对记者说:"我们始终坚守这样的信念——只有质量才是企业的灵魂。从质量入手提升品牌含金量,以高质量开拓市场、赢得用户。"

7.格力一定要"走出去"

当很多空调企业还在竞争国内市场份额的时候,格力就已把目光瞄向海外市场,萌生了积极走出去,打造国际级的中国品牌的想法。董明珠说:"参与国际化发展,是企业发展的必经之路,也只有这样,中国企业才能真正在国际上强大起来。格力电器很希望能参与到这种国际化的竞争和合作当中去。"

格力为什么一定要走出国门?外界经济环境的变化是主要原因,但一份可贵的民族责任感也是其走出去的动力之一。

20世纪90年代,格力董事长朱江洪去考察欧洲市场,在途经法国巴黎机场海关时,工作人员将他误认为日本人,当看到护照发现是中国人的时候,不但失去了恭敬的态度,还故意刁难他。正是这次不是很愉快的欧洲之旅,激发了朱江洪大力推行格力国际化,将格力打造成世界品牌的决心和勇气。

朱江洪认为,一个国家拥有多少世界名牌,是衡量这个国家经济竞争力的重要指标。一个国家、一个民族能否在国际社会得到尊重,很大程度也取决于这个国家是否有更多世界级的品牌。第二次世界大战结束后,日本企业的国际化之路,是丰田和索尼首开先河的;韩国企业也在很早的时候就开始走国际化道路,出现了三星、现代等一大批世界级的品牌。同为亚洲国家,中国没有理由总是在国际化方面落后他人一步。中国要迎头赶上,实现超越。

自从坚定了"走出国门"的信念后,格力开始了他们的国际化历程。

1993年3月,格力成功进入香港市场,自此拉开了格力空调走向世界的序幕。

1994年,格力空调通过德国GS认证,该认证是欧洲市场,特别是德国市场广为人知的安全认证标志。

1995年起,格力空调连续多年出口量居全国第一,产品遍销全球100多个国家和地区。

1995年12月28日,格力电器荣获欧盟认证机构颁发的中国内地第一份CE审查书,取得了在欧盟17个成员国产品的法律资格。

1996年,格力"冷静王",在西欧市场供不应求。

1996年,格力空调被菲律宾认定为"全国空调推荐产品"。

1997年,格力空调在马尼拉空调销售排行榜居首位。

1998年,格力通过了美国的UL认证,进入美国市场。

1999年,格力在国外市场出口15万台,比历史最高年高出10%,出口贸易额达到6000万美元。

2000年6月27日,格力空调在西班牙当地的销售实现了突进的增长。

2001年5月,格力空调获得国际权威质量评价组织B.I.D颁发的"WTO国际质量之星金奖"。

2001年,格力巴西有限公司正式竣工投产。

……

总之,为了改变中国企业竞争力弱的局面,格力身先士卒。他们一步一个脚印,最后创造了2005年家用空调超过1000万台、跃居世界第一的奇迹。

格力董事长朱江洪说："中国是全世界空调最大的生产和输出国，也是最大的空调消费国，全球空调业的翘楚和领导品牌，理应诞生在这块土地上。"

1994年时，格力仅仅销售了30万台空调，销售额不过8亿元，而且全部是内销。21世纪初，中国加入WTO以后，格力的销售与管理也相应进行了大幅度的调整。2007年空调销售完成2000万台，实现销售额超过300亿元，仅外销就实现了60亿元，恰恰是我国加入了国际化的竞争和合作才使得格力能够快速成长起来，这是格力参与国际竞争的结果。

董明珠认为：中国企业必须清楚，"走出去"是企业发展壮大的必然选择，但"走出去"不仅仅是将自己的产品输出去，还应该将中国的品牌打出去，让全球人用上中国品牌的产品，这才是更深层次的"走出去"。

做任何事，开头都是最难的。刚开始闯荡海外市场特别是欧洲市场时，格力也尝试了国内企业惯常采取的给国外品牌贴牌生产出口的办法，因为这是从零开始的不得已的办法。

由于格力空调过硬的产品质量赢得了欧洲市场青睐，这让不少国外著名企业都主动找格力要求贴牌，如美国惠而浦、开利、GE，日本三洋、大金，韩国现代等。

格力为了自己的长远目标，只能暂时为大品牌代工。从2007年起，格力开始替日本大金代工家用空调，每年的产量达到50万到100万台，并返销日本以此来切入日本市场。此外，格力还与大金合作建立国际性的模具开发中心，来延伸产业链。不过虽然是为别人代工，但董明珠坚持，在与外国人打交道的时候，绝不能一味妥协以至于丧失自己的利益。她经常告诫市场部工作人员："与外国客户谈判时要有尊严，要硬起腰杆。"

董明珠更看不惯有些企业情愿不要利润就靠出口退税活着，这样既破坏了市场，也败坏了中国制造在外国人心中的形象。董明珠是人大代表，她曾提案建议取消空调业的国家出口退税，因为很多企业不是安心做研发，而是恶性降价竞争，用大量的低价出口换来政府的退税补偿，而不是在海外市场用实力赢得尊严。同时，她也认为这种"价格低廉—压价竞销—贸易摩擦—出口受限—资金短缺—产品升级受限"的怪圈，无助于创立世界领先的民族品牌。只有全世界各个国家都能看到"格力"这两个字，用"格力"这个品牌的产品质量和服务让全世界人都认可，才是真正的国际化。

由于格力在代工方面的价格很强势，从不轻易妥协，为此他们流失了不少订单。2007年就丢了来自GE的一张200万台的大订单。但格力没有感到一丝后悔，董明珠的一贯认识是：代工不能帮助格力建立核心竞争力和赢得声誉，格力不仅要依靠出口数量，更要依靠"格力"品牌进入国际市场。

在代工之余，格力积极努力地将自己的品牌推出去。每年出口的自主品牌比重逐渐提升，占到格力出口量的40%左右。董明珠的很多朋友告诉她，在澳大利亚、加拿大等国看到了格力空调。这样的消息，让董明珠很开心。她去越南考察期间，每天都坐在安装了格力空调的餐厅吃饭，觉得特别香。"只有全世界都在用你的产品，你才能叫世界名牌。"董明珠说。

目前，"格力"品牌空调已经出口到了世界多个国家和地区。不仅如此，格力还进入了很多国家的主渠道，得到那些国家主流消费人群的认可。比如在巴西，格力空调就借助品种齐全、技术精湛等优势，成功进入了巴西圣保罗、里约热内卢、桑多斯、维多利亚等主要城市，大大树立了中国家电精品品牌的形象。据说，巴西很多影视明星、足球明星、政府官员家中的空调都是"格力"牌的,这让格力人非常自豪。

自主品牌不仅仅是产品的符号,也是一个国家民族工业的脊梁,更是一个民族人文底蕴的载体和外在表现。董明珠希望用自己的努力,让中国人能挺起脊梁。格力人希望创自主品牌,长中国人的志气。

第二章

服务为王，维护客户忠诚度

....

1.销售的成功是服务的开始

空调作为一种耐用消费品，生命周期长，担负日常维护任务的售后服务具有相当重要的作用，因此用户在购买时大多比较理智，不但注意产品的品牌和价格，而且还会关注厂商的服务承诺等。基于此，空调销售除了需要产品知名度以外，更需要日常维护中建立起来的客户忠诚度和美誉度，要让用户在使用产品的过程中，最终认可企业的品牌价值。产品的知名度可以通过广告宣传来实现，而美誉度和忠诚度却只有在服务当中培养，良好的美誉度和忠诚度，可以在用户心目中产生良好的口碑效应，促进用户重复购买及发动他人购买。

格力的营销服务分为两部分，一是生产阶段的"服务"，二是销售阶段的"服务"。

生产阶段的"服务"，从职能上归属于格力工厂，这部分服务是格力工厂可以掌控的。主要内容包括：格力在空调生产阶段，要严格保障其优异的产品质量，同时要求所有空调产品通用性强，这样一旦产品在销售和使用阶段出现故障，服务人员可以及时利用其他型号的空调产品部件进行替换或维修，极大地方便用户。

销售阶段的"服务"，对于企业抢占市场作用更大。由于市场竞争日益激烈，空调产品同质化现象严重，各个企业在市场上竞争的焦点都或多或少地偏离了产品本身，很多企业把策略延伸到了服务层面。一项由全国13家知名媒体联合举行的"中国'问题空调'调查报告"结果显示，"服务"因素已经超过品牌、价格等诸多因素，成为用户选购空调时的首要考虑因素之一。

"销售的成功是服务的开始"，其中售后服务是解决用户在使用产品时所遇到问题和困惑的重要工作，是用户对一个企业和品牌产生信任和忠诚的重要环节。抓好售后服务不仅有利于品牌影响力的提升，还能大大促进产品销售，提高客户回头购买率和转介绍客户购买。

董明珠认为，在格力的销售淡季里，市场销售人员工作量相对较小，这正是做售后服务巡查和从事一些公益活动的大好时机，而做售后服务最大的好处就是能提高品牌的美誉度。因此，一般空调厂家在淡季都懂得加强售后服务工作，能够有效提升自身品牌的美誉度，这也是为旺季营销提前做好准备。

格力优质的售后服务体现在以下几个方面：

首先，格力空调的遥控器、电路板都是通用的。这让格力的售后服务变得非常有竞争力。人们都知道空调售后服务与其他行业决然不同，用户的空调坏了，是希望立刻修好的，尤其是夏天在酷热的地方生活的用户。格力空调的绝大部分产品的遥控器和电路板都是通用的，如果售后人员接到用户的"求助"电话，就立刻赶到用户家中，用通用的遥控器或电路板更换坏了的部件，第一时间修好空调，让用户不需要等很长时间，从而可以真正意义上实现"用户"满意。

很多企业提出了很多售后服务的口号，可是由于他们的产品复杂，有时一个空调型号甚至会出现多个电路板，更不用说不同空调型号了，导致维修起来十分耗时。所以说，通用性差的空调企业，其售后服务往往很难令用户满意。格力想用户之所想，在空调设计的时候，就想到了维修时可能遇到的困难，可能会给用户带来的不便，于是将事情做到了前面，很好地赢得了用户的心。

其次，配件齐全，电脑编码管理。通用性、配件是否齐全及安装、维修费结算快慢与否是空调售后服务中的三大问题。格力的营销模式是与当地经销商组建销售分公司，于是在当地设有专门的库房和维修站，库房中存放着大量的配件，这为做好售后服务打下坚实的基础，提供了不少便利。

与此同时，格力对自己的所有产品的大小零部件都进行了编码，并且一一对应库房中的零部件。这样做的好处是，服务人员只需要了解用户压缩机的编码，回来直接将编码交给库房人员，库房人员根据编码就可以迅速找出配件，处理善后事项。据说，在重庆等地方，格力库房中竟然有5年前、9年前的老产品的零部件，这是其他很多空调企业想都不敢想的事情。

最后，安装及维修结算费用及时兑现。空调有别于其他电器，只要买回家安装后，插上插座就可以使用了，空调是"三分产品，七分安装"。所以，格力很重视对售后人员的培训管理，但更重要的体现是在保障售后人员的利益上。格力空调的安装费在同行中一直是非常高的，因此售后服务人员积极性很高。

格力不但给空调安装人员的酬劳多，而且还会及时将安装费和维修费兑现给售后服务人员，很少有拖欠事件。另外，格力在当地的合作伙伴拥有较大的影响力，因此格力的服务人员都可做到24小时之内上门服务，如此周到、快速的售后服务怎能不令用户倾心！

从格力的售后服务中，我们总结了加强售后基础服务工作的几点方法和要求。

(1)专门设立售后服务电话。各级代理商、经销商一定要设立售后服务电话，在售出的每一件产品收据中要留下售后服务电话号码，并提前告知用户，产品有任何问题都可拨打，便于用户第一时间找到解决产品问题的联系地点和人，不至于打到公司总部来寻求解决方案，延误解决产品问题的时间，造成用户抱怨很多，势必会影响其在当地的美誉度和产品销售量。

(2)专门设立售后服务人员或团队。为了最大限度解决用户的后顾之忧，对于售后服务，特别是产品维修方面一定要设立专业的售后服务人员。售后服务人员一定要用专职专业的人来负责，专门处理用户购买产品在售前、售中、售后的所有事务。如果条件不成熟，可以找当地专业的售后维修店或人员签订兼职售后服务协议，以服务次数结算费用的方式来合作，绝对要做好售后服务工作。

(3)一定要主动、自发地掌握好过硬的产品售后维修技术。为了让代理商、经销商掌握和提高产品售后维修技术，格力特为客户提供来公司免费参加售后维修培训支持，客户可提前向公司提出售后维修培训申请，公司将在确定具体时间后，邀请客户到公司进行为期一周的培训。但公司组织的培训毕竟是有限的，最重要的是在实际经营过程中，不断主动、自发地学习和实践维修技术，公司也将组织编写产品基本知识和常规维修技术指南，提供远程技术指导等，供大家学习和实践，大力提升售后服务能力，最大限度解决用户的后顾之忧。

(4)为了扩大销售,产品售出一定要留下用户的联系资料,包括用户姓名、住址、联系电话、职业、生日等,以便于产品售后回访、调查。每一次的回访都会让客户感动,特别是用户生日或纪念日的时候,回访送礼物等更会让用户感动不已,然后会有口碑相传的效应产生,该用户还会转介绍其他用户来店购买产品,使产品销售量倍增,这种情感关爱方式的应用,我们称之为"情感营销"。

需要提醒的是,有些代理商、经销商老板非常敬业,自己亲力亲为,通过学习和实践逐步掌握了较多的产品售后维修技术,承担售后服务的工作。这样既解决了售后人员问题,又节省了聘请售后人员费用,使经营更加轻装上路,步入良性循环。但老板自己不要花太多时间去做售后服务,应该多去开发市场销路。

当然,当生意做大之后,一定要聘请专职的售后服务人员,只有把用户服务好,赢得好口碑,让每个用户转介绍给他的单位同事、左右邻居、楼上楼下、兄弟姐妹、亲戚朋友等来购买,经营回头客生意,生意才会越做越大。你如果不经营回头客生意,只是做一锤子买卖,你就永远做不成大老板。

2.像走亲戚一样去看看"自己的空调"

在市场营销方面,格力本没有太多经验和成文的规定,他们的销售人员有时完全是凭着直觉在走。随着专业代理时代的到来,在选择销售伙伴方面,格力选择放弃知名大家电连锁企业,把产品主要放在专卖店里进行销售。但是,董明珠始终有个观点:"空调器是半成品,完全意义的空调器应包括生产、安装、养护和服务,只要在后期服务上做到位,还是有可能增强格力空调的口碑的。"

董明珠说:"相对说来,大家电卖场容易滋生'店大欺客'的毛病,他们对厂家和用户漫不经心,也不可能建立一支高水平的空调维修队伍;而专卖店以销售、售中和售后服务为主,一边必须讨好厂家,一边必须讨好用户,有做好服务的主观可能性。当然也不排除当市场竞争加剧、空调价格太低的时候,专卖店为保证自身赢利,不得不以牺牲安装维修质量作为代价。一旦发现这个问题,格力就退而求其次:在难以保证安装质量和售后服务质量的地区,宁愿让出市场,也不允许降低服务水准,这是格力的一项基本原则。"

有时候,用户在选择产品时,更加在意的其实是商家所能提供的服务质量和由此产生的心理满足感。可以说,21世纪卖的不是产品,是服务。当技术、市场相对成熟时,产品的质量和价格将相差无几,这就要求商家必须要在服务上下足功夫。

从1998年4月起,在新出厂的格力空调装箱单中,增添了一张"中国质量万里行杂志专项质量投诉卡"。这就意味着用户如果对格力空调有不满之处,随时都可以在"中国质量万里行"杂志对之进行投诉。这是一个很惊人的举动,也是一个充满自信心的举动。在当时,还没有哪一家企业敢让一家专门报道质量问题的杂志对自己的产品进行随时监督,格力是第一个吃螃蟹的企业。

格力的惊人举动不止这些,抱着真诚服务的理念,格力在1999年又举行了一场让行业震惊的"800万用户大回访"活动,它向业界展示了一种全新、务实的服务手法。从1999年10月中旬开始,格力在全国启动该活动,历时两个多月,动员人力近万人,在十几个省、市、自治区的销售范围内,为用户无偿保养空调数百万台。

格力负责人朱江洪对"800万用户大回访"的必要性和内在动力,看得更远,他将这个活动的背景概括为"5个转变":

第一个是从被动服务向主动服务的转变。过去是有问题找厂家,现在即使没问题厂家也会主动上门察看。过去是需要投诉厂家才会派售后服务人员过去,现在不用投诉厂家自动找上门去。被动是有病才医,现在是小病就医好,没病防病。

第二个是从售后服务向售前、售中、售后一条龙服务转变。

第三个是向用户灌输使用知识,让用户与企业配合服务,也就是从自我了解到用户共同了解的转变。

第四个就是由企业行为到社会行为的转变。空调产品已不是单纯的企业行为,一个企业不可能把服务的各个方面都做好,要发动大家来做。

第五个是从虚到实的转变。虚的没用,要实实在在让用户满意、感动。

这一举动再次首创家电售后服务的先河。"嫁出去的女儿不是泼出去的水",格力做到了像走亲戚一样经常去看看"自己"的空调。格力的服务理念在用户那里得到了热情的回应。投入数千万元"亲情服务"是需要胆识的,在国内,格力大胆地第一个这么做了,而且做得轰轰烈烈,让人回味无穷。

格力此举不仅是向用户介绍了一种日趋完善的服务方式,同样它也是在导入一种超脱于价格战、抢滩战的新的"战争领域",从某种意义上说,这是一片全新的蓝海。如果此举能够带动国内家电行业共同提高在国际服务竞争中的战斗力,那么这就不仅仅是用户的福音了。由于在服务理念上进行了全面提升,所以用户感受到的必然会是一个持续的、长期深入的亲情服务,而不会像家电商战初级阶段中的那些普通而暂时的促销活动一样昙花一现。

　　服务,不是表面的虚情假意,也不是诱人上钩的诱饵。用户在购买产品的时候也是在购买服务,当产品被销售出去的时候并不意味着服务的终结。每一个商家从自身做起,多一点热情,少一些抱怨,多站在用户,而不是纯粹地站在经济利益的角度去考虑问题,服务就没有那么复杂和烦琐了,整个市场也才能真正走向繁荣、兴盛。树立服务价值观,是企业文化的一部分,也是市场道德体系的一部分。

3.把问题消灭在"可能性"中

　　为确保产品质量, 格力电器拥有许多与众不同的经营理念,如"空调产品的服务要强化在售前、售中""强化质量意识、超越售后服务""不拿用户当试验品""零缺陷工程"等。

　　要想理解格力的服务理念为什么是超前的,我们就要先明白格力的售前、售中、售后服务理念的内容。

　　售前和售中服务是格力电器服务的一大特色。所谓售前服务,是指在产品设计、制造过程中多为用户考虑,保证质量,不拿用户当试验品。格力在调查中发现,用户在购买空调时,得到的最大实惠既不是价格低廉,也不是什么赠品,而是产品的质量保证。打个比方,假如格力的空调合格率达到了99%, 那么按格力平均3500万用户计算,就意味着要有35万用户要投诉,这是一个很庞大的数字。何况,站在利益的角度,这35万投诉客户的维修费用,也是一笔惊人的数字,以格力的良好赢利能力,承担起来也感到很累。

格力的售中服务是在正确宣传、引导、帮助用户作出购买决策的同时,严格执行管理制度,细化责任和义务,加强监督,确保经销商、特约维修点配合企业做好销售和安装工作。售中服务的关键点在于经销商和安装队伍,也是特别难以管理的一个环节。有鉴于此,从2000年开始,严格规范服务人员,就成了董明珠关注的重点。

售后服务则是用真诚、一流的服务态度,消除用户的任何一点不满意,让他们买得称心,用得放心,使之最终成为忠诚的用户。

简单地概括,格力空调独特的服务观就是:空调产品的服务要强化在售前售中。也就是说,要尽量在用户使用空调之前,把可能会出现的各种问题解决掉。这包含两个方面:第一,空调的质量要过关;第二,空调的安装要标准。

在对用户的服务方面,格力电器把上门维修的"纠正行动"变成用户定期保养维护的"预防行动"。鉴于空调产品的特性,国外已十分流行定期保养服务方式,但我国尚未形成这一消费理念。1999年,格力空调率先开展了历时两个多月的"800用户大回访"活动,在十几个省、市、自治区为用户无偿保养空调数百万台,首开中国定期护养服务的先河。

一些人往往认为,在做事过程中遇到什么问题就解决什么问题,不用在做事之前就费那么大的功夫预防。恰恰就是这些人的这种观念、态度和做事方式,造成了事情总是挂一漏万、错误百出。

春秋时,魏文王有一天求教于名医扁鹊:"据说你家中兄弟三人,全都精于医术,那么谁是医术最高明的呢?"

扁鹊答道：“大哥最好，二哥次之，而我是最差的。”

魏文王不解地说：“爱卿谦虚了吧，既然你是最差的，为何名气却是兄弟之中最大的呢？”

扁鹊解释说：“大王您有所不知。大哥治病，多是在病情发作之前，那时候病人还觉察不到，但大哥却早已当机立断，把疾病消灭于无形。当然，这也使得大哥的医术纵然盖世无双，也难以被世人认可。”

“二哥治病，多是在发病初期、症状尚不明显、病人尚未太过痛苦之时。这时候，二哥往往能够及时铲除病根。但也正因如此，乡里之人都认为二哥只是治疗小病小痛颇为灵验。”

“而我治病，大都是在其病情十分严重之时，此时病人通常痛苦万分，病人家属则心急如焚。这时候，他们看到我在经脉上穿刺、放血，或在患处敷药以毒攻毒，动大手术直指病灶，使重病病人的病情得到缓解或者治愈。于是，我便侥幸得以闻名天下。其实，跟大哥和二哥相比，我的医术还差得很远。”

扁鹊这番话无疑是告诉我们：“最高明的医术，不是事发后控制，而是事前控制。”也就是对魏文王暗示了一个道理，作为一名成功人士——“能防患未然于前，远胜于治乱已成之后。”

国内某著名时装公司，最近接了一批日本的服装加工订单。因为工艺相当复杂，一件时装要用到五种质地不同的面料，为此委托方专门派了一名职员过来监督。

这时候，问题出现了。按照常规，中方员工第一步总是把布料叠了很多层，然后在第一层摆好纸样，画线之后一刀裁下，这一剪子下去往往就是几百件衣服，既省工又省时。

但是，那个日本人每当看中方员工铺好一层布后，就立刻制止,不允许继续铺第二层布。中方员工很不理解,但日本人并没有作出解释,只是固执己见:铺好布料,摆好纸样,裁布,然后纽扣"定位"。

常规的第二步,不管多少件衣服,裁好后,量好纽扣的位置,然后一针"钻"下去,布上面立刻就钻出了一个小孔,然后流水线的工人就在这个孔的位置上,缝好扣子,锁好扣眼;而那日本人的做法是,每铺一层布,就用一种对人体皮肤无刺激的环保粉笔轻轻地在该位置上点一下即可,那种粉笔是他特意从日本带来的。

合同约定的五天时间很快过去了,中国工人加班加点,按时交货。整个过程全部在日本人的监督之下,交货的时候倒不费事,但在包装的时候,日本人却信不过那台德国产的金属探测器,固执地从皮箱里拿出一台很小巧的强力磁铁器,每一件衣服都从上至下探过一遍后,才肯同意装箱。

临走的时候,那个日本人对部分员工说了一句话:"你们如此辛苦,知道我们给你们多少加工费吗?人民币50元一件。而这样一件时装在日本要卖4000元人民币。其中有不少还要被你们到日本旅游的中国游客给买回来。有没有想过,为什么我们的衣服卖得贵,你们卖得便宜?原因就在这里,我们每一步都仔细,仔细到每一个扣眼。"

"我对你们这几天的辛苦表示敬意!不过你们虽然能吃苦、聪明、能干,但缺乏主动性,你们总是认为,只要把自己这个环节的任务完成了就可以万事大吉。所以你们只有在这些方面提高了,你们的产品才真正地对我们的产品构成威胁!"

不少人都习惯于等到错误的决策和做事的结果造成了重大的损失时,才慌慌张张地去弥补,即使补救住了,浪费掉的财力、物力、人力、时间也比事前控制的多得多:工作失误要花时间来修正;产品质量出现问题要花时间来返工;技术不过关要靠培训来弥补……也就是说，一个本来用一天时间就可以完成的工作，却要花费很多人一周的时间来完成。一个原本可以花费一元钱生产出来的优质产品，却要很多人在弥补产品质量的问题上再花费一元钱！

所以，我们应该学会事先控制好一切，把风险降到最低点，把问题尽可能地扼杀在萌芽状态。

4.最好的服务是售后不服务

在大家都在想尽各种办法完善售后服务时，格力如此强调售前和售中的服务，不能不说是一种超前思维。

改革开放之初，中国的各种产品，特别是家电产品，都属于紧俏货，能买到就不容易了，用户根本不敢奢求什么售后服务。随着改革的进一步深入，市场的进一步开放，所有行业的产品慢慢都处于供大于求的状态，这就促使厂家和商家不得不通过完善的服务来吸引用户的青睐。刚开始的时候，用户对厂家的这种服务感到非常满意，很多人找到了"上帝"的感觉。可是，用户的购买欲也是越来越理性的，当他们意识到这种售后服务在很多时候意味着他们买到的产品质量不过关时，他们就不会再对这种"上帝"的感觉满意了。

格力不但提出了"空调产品的服务要强化在售前、售中""不拿用户当试验品""强化质量意识,超越售后服务"的口号,还严把产品质量关、材料进厂关、生产关、储运关、安装关,努力做到"零缺陷"。

"零缺陷"是全球质量管理大师、伟大的管理思想家克劳士比在20世纪60年代初提出的,它主张企业发挥人的主观能动性来进行经营管理,生产者、工作者要努力使自己的产品、业务没有缺点,并向着高质量标准目标奋进。它要求生产工作者从一开始就本着严肃认真的态度把工作做得准确无误,在生产中从产品的质量、成本与消耗、交货期等方面的要求来合理安排,而不是依靠事后的检验来纠正。零缺陷强调预防系统控制和过程控制,第一次把事情做对并符合我们对用户的承诺。

当大家都在打售后服务这手牌的时候,售后服务已经走入了歧路:用户买回一台空调,隔三差五就会接到一些电话,"空调用得怎样?有没有什么问题?"甚至在你吃饭或者是休息时,这种"热情"的服务电话也会不期而至。这显然严重影响了用户的正常生活,同时也从另一个侧面反映出:某些商家纯粹是为了服务而服务。他们并不是真心为用户着想,他们只是想要用户知道,他们有着完善的售后服务。这些商家希望用这种方式来提高自己的美誉度。当然,也许还有另一个原因,那就是这些厂家确实对自己的产品质量不放心,对自己的产品没信心。

来看下面这个故事:

有一家中国的公司,老板非常重视服务,他承诺,一旦用户使用本公司的机器出现了质量问题,就会派专人上门包换并维修。可这样做的结果,往往是员工匆匆忙忙赶到那里,却发现是客户操作不当而损坏了机器,弄得维修人员哭笑不得。很快修好了之后,却吃力不讨好，用户不但不感谢，反而怪他们来得不及时。

眼看着公司的售后服务部快变成投诉部了，老板心急之下，换了一任又一任主管，最后是一位美国留学生接下了这个任务，惊讶的是，令整个公司头疼的问题到留学生手里就被轻易地解决了。售后服务部的电话很少响起，即使真的接到，也是说机器质量有问题，甚至还有人夸奖公司服务态度好。

老板为此惊喜不已，心想到底是在美国留过学的人，他一定是对员工进行了严格的管理和监督。可是，当这位老板某天去视察售后服务部的时候，却发现大家都很清闲，一点儿也没有他想象中的紧张，而办公室里贴满了"商品使用说明书"，员工们正看着它们笑呢！

老板抬头一看，目瞪口呆，只见墙壁上贴的是——

1.吹风机：不要在睡觉的时候使用。

2.炸薯条的包装袋上写着："你有可能会中奖，但无须购买任何商品。详细说明见袋内"。

3.肥皂：像普通香皂一样使用。

4.一些冷冻食品的说明：使用建议——化冻后食用。

5.甜面包圈：请注意，如果您加热食用，该产品会很烫。

6.熨斗：穿在身上的衣服不要熨。

7.儿童止咳药：服药后不要开车，也不要操作重型机械。

8.安眠药：注意！该药可能会导致疲倦。

9.日本制造的某种食品加工机：不得用于其他用途。

10.花生包装袋上写着："注意！内装有花生！"

……

这般匪夷所思、荒唐搞笑的条例居然有一百多条。

看出了老板的疑惑，留学生笑着对老板解释："在美国，人们可以因为某种商品上没有注明使用说明，而把制造这种商品的公司告上法庭，这就促使许多企业不得不给自己的产品撰写出一些不可理喻的说明。而在中国，企业目前最短缺的偏偏是售前咨询与售中支持服务，因此，只有把这两项主动做到位，才能保证售后服务。"

"原来是这样啊！"老板似乎明白了什么，此时，整个部门的员工都安静下来，留学生接着说："因此，我针对在售前咨询与售中支持中出现的知识服务问题，帮助用户达到自助服务的能力，并进行预防性、超前性、精细化的细分。"

"自助服务的能力？"老板似乎懂了，"但是，用户到底不是小孩子，难道连基本的识别能力也没有吗？像什么吹风机不要在睡觉的时候使用，这是常识啊！"

"哦，这只是一个提醒。"留学生也笑了，"这些荒唐搞笑的说明，收集起来，只是用来鼓励部门员工的，虽然我们不至于那么离谱，但我们的产品说明书，也不是一般工人都能看得懂的。因为我们企业中负责编写产品说明书的人往往都是工程技术人员，喜欢用专业化和技术性极强的知识来编写，却往往忽略了使用者并非都是工程技术人员这一事实，这无形中会加大售后服务的工作量。所以，我和别的部门协商过，转换成用户的眼光和阅读习惯来编写说明书。通常，用户需要有人为他们解决那些自己无法解决的难题。"

老板赞叹不已，向留学生请教："你的意思是，与其被动地等着弥补客户的售后要求，不如在售前就设身处地为客户想妥当？"

"对。"留学生说，"其实，最好的服务是售后'零'服务，也就是售后没有服务。"

"售后没有服务？"

"是的，我们需要那种事先就主动为用户考虑得十分周到，避免任何问题出现的售前服务。也就是说销售未行，服务主动先行。这种服务，一定要超越用户的期望值，使他一旦用上你的产品，就感受到一种比他想象的还周到的惊奇,这种出乎意料的服务用户们能不满意吗？"

"原来这才是从激烈竞争中脱颖而出的秘诀！"老板为自己用对了人而感到满意。

董明珠说:"很多品牌现在都宣称24小时服务,电话回访,产品一安装,马上问空调好不好,空调有没有问题,第二天又打电话给你,问空调有没有问题。对于这样的做法,如果按正常的思维去分析,就有问题:第一,企业本身对自己的产品没有信心,我装了后根本不用打电话,我相信自己的产品没有问题,而用电话咨询要产生成本,不可能是无偿的,付费谁承担? 我相信企业没有额外资金来承担,而是通过利润化解,这实际上是对用户不负责任。第二,用户认为我的产品坏了有人修,其实产品有问题厂家给你修,是必须要做的,是一个义务、责任,售后服务不能拿来作为吸引用户买产品的理由。如果一味地宣传售后服务如何如何好,证明他落后了。"

5.客户的小事,企业的大事

虽然格力一再强调要保证售前和售中服务,淡化售后服务,但也不足以说明格力不重视售后服务。

格力认为,企业获得效益的过程主要是三个环节:一是发现用户需求;二是满足用户需求;三是企业获得效益。如果站在一名用户的立场,就是要实现好的产品,好的销售,好的服务。

2005年元旦刚过,领跑中国空调业的龙头企业——珠海格力电器股份有限公司投下一颗重磅炸弹,在服务方面再出新招:从2005年1月1日起购买的格力家用空调售后包修期正式调整为整机包修6年。了解空调业的人士都知道,此前国家对家用空调器有"整机保修一年、主要零配件保修三年"的强制性标准,而目前国内所有的空调品牌中,最长的整机包修期也就是3年。这意味着,格力此举不仅大大超越了国家标准,也超越了目前国内所有的空调品牌的标准,从而使格力电器成为全球售后服务标准最高的空调企业。

对于格力此举,行业内一片哗然。有的企业认为格力这样做太冒险,不可能实行太长时间。也有人认为,格力是在耍花枪,用这个噱头吸引人注意。但这些人的预测都错了,格力的这项服务措施,至今都在实施。

据说,格力为了出台6年整机保修的服务,还进行了长达2年之久的准备工作。它们先从企业内部六西格玛管理观测入手招聘和培训了大量的配套人员,出台了60项与之配套的细节维护政策、备件政策。无论是从硬件商还是软件商都做足了准备。而且政策出台后的这么多年来,格力急用户之所急,想用户之所想,在全国兴建了3000多个售后服务网点,拥有数万名合格的维修服务人员,并先后推出安装人员"双证"(即《房间空调安装培训合格证》和《格力空调安装资格证》)上岗、维修服务"快速反应部队""格力专家服务纵队"等一系列业内独一无二的新举措。这些政策为"整机包修6年"的提出和施行打下了坚实的基础,使这项新举措不再是人们想象中的炒作的噱头和概念的偷换,而是一种实实在在的优质服务。

　　说到底，这是一种对用户负责的态度。就在2006年6月7日，中国家电维修协会对外公布"2006年度用户放心空调品牌"，格力凭借完善的服务保障体系和在空调行业率先推行"整机六年免费包修"的创举，成为6家获此称号的品牌之一。

　　中国家用电器维修协会负责人表示，目前空调企业的服务保障能力参差不齐，而作为国内空调行业的龙头老大——格力，其服务水准已经在行业内起到了模范作用。

　　2001年夏季空调旺销季节，一位在石家庄住院的客户打电话到格力销售热线服务中心，说她哥哥在深圳，身体不好，又不舍得买空调，她想买一台空调送给哥哥。不过她想要给哥哥一个惊喜，希望格力电器能帮她完成这个心愿。

　　销售旺季同时也是服务部门的"工作旺季"，每个人都很忙，而且这位客户的要求也不在格力的服务范畴之内。不过，本着为每一个用户服务的理念，董明珠还是打电话给了格力电器河北办事处，要求办事处派人到医院面见该客户。同时，董明珠又派人在深圳找好一位商家，确认了价格和机型。河北办事处的工作人员从女士手中拿了钱汇往深圳，同时让商家按指定地点给她哥哥装空调。没想到，关键时刻汇款迟迟没有到达深圳。为了不耽误用户使用，深圳商家在没有接到钱的情况下先把空调安装好了。

　　多年来，格力电器秉承"空调服务更应注重售前、售中服务""您的每一件小事，都是格力的大事"等服务理念，通过售前严格控制产品质量、售中切实保障安装质量以及先后推出"快速反应部队""专家服务""免费大回访""安装巡视制""六年免费包修"等创新的服务举措，在广大用户中形成了"买品质，选格力"的良好声誉和口碑，得到了广大用户的信任和青睐,并由此连续多年保持了市场占有率居行业首位的领跑地位,2005年还成为家用空调销量的"世界冠军",因此格力成为"2006年度用户放心空调品牌"实属理所当然。

"客户效益第一,格力效益第二"的服务观念是格力电器"服务组织"观念的延伸。董明珠在不同的场合里多次强调:"只有用户投资获得了回报,企业才会获得回报。"所以,格力凡事都是从用户的利益角度出发,他们为自己制定了最高的服务标准,目的就是让用户获得更多的回报,继而格力才能获得更多的回报。

6.自建网上商城,实现线上线下联动

一直被认为在互联网领域步伐缓慢的格力电器,以自建网上商城的方式,向中国家电业扔下了一颗重磅炸弹。格力用一种不同于竞争对手的姿态,大举踏入互联网的地盘。如同多年前自建专卖店网络一样,这一次,格力同样在互联网时代表现出强大的自信。

2004年,连锁大鳄国美突然向格力发难。彼时,连锁卖场被认为是洪水猛兽,几乎所有的企业都认为,必须要向连锁卖场妥协,然而格力是唯一的例外。与国美翻脸之后,格力坚定地走上了自建专卖店网络的道路,尽管业内对格力唱衰的声音远远大于支持的声音,事实证明,格力笑到了最后。

实际上,格力不仅仅赢得了与连锁卖场的较量,更重要的是,在这个过程中,格力逐步织就一张庞大的终端零售网络。截至目前,格力已经在全国建设了3万家专卖店。

如今，基于互联网思维的O2O(线上到线下)模式逐渐被人们认知和认同，但调查发现，大多数企业并不具备施行O2O模式的基础。O2O模式的基础是什么？线上的信息对接及交易平台+线下的体验和服务平台。即便所有企业都可以通过已经成熟的电商平台去建设企业线上平台，但线下的体验和服务平台的建立却绝非一日之功。何况，已经成熟的线上平台，如京东或者淘宝，终究是第三方平台，正如十年前的连锁卖场，主导着话语权。

分布在全国的3万家专卖店是格力强大自信的来源，格力电器董事长董明珠用"零距离"来描述格力网上商城的价值，实际上，网络的零距离是信息的零距离，真正让"零距离"落地的正是格力已经织就的这张庞大的终端零售网络。"格力商城的零距离服务主要体现在社区店，每个社区都有一个格力专卖店，用户在格力商城购买产品后，社区店会第一时间送货及上门安装。而如果需要任何服务，用户一个电话，社区店就马上上门解决。全国3万家专卖店就是最好的保障。"董明珠在接受采访时如此表示。

为实现线上线下的联动，格力设计了一套完整的电商平台方案。

用户在平台下单，电商平台将信息转给最近的专卖店，由后者负责提货、送货、安装，并提供售后服务。实际上，2014年天猫商城"双11"，格力已经完成了O2O的第一次演习，并且稳居空调产品销售第一的位置，这也正是格力线上线下联动的成绩。

据悉，格力商城致力于打造覆盖家用电器全品类、全系列的电商平台，格力旗下明星产品都将逐步纳入电商销售中，包括格力全能王系列、玫瑰系列、润系列、睡梦宝－Ⅲ；KINGHOME意式四门冰箱、对开门冰箱；TOSOT电水壶、空气净化器、除湿机、电压力锅、电饭煲、干衣机等产品。

业内专家表示，格力已经建设的3万家专卖店正是格力网上商城得以存在和发展的基础，而格力自建网上商城，在其强大自信的背后显露出的真实意图是，格力立志建立一个完全由格力自主掌控的电商平台，而并非从属于第三方的平台，这也正是格力风格的一贯体现。

从连锁卖场时代到互联网时代，格力依然坚持走自己的路，从自建专卖店网络到自建网上商城，不同的是时代的变迁，相同的是格力依旧要将主动权掌控在自己手中。

7.不拿用户当试验品

在产品制造上，格力有一个著名的设计理念——不拿用户当试验品。在设计过程中，格力会坚持服务于用户的原则，以翔实、缜密的市场数据为准绳设计产品，站在用户的角度，最大限度地满足用户实际需求。等新产品设计出来后，也必须经过试生产、长期运转实验、重新设计等流程，并且要经过长时间的试验过程，只有等产品质量真正过关之后，才可以正式投入生产销售。

每一款格力空调在设计前都必须经过长期、缜密的市场调查，设计时站在用户的角度，尽最大努力满足用户实际和潜在的全方位需求。而每一台格力空调在出厂前，必须在170余个具有国际领先水平的实验室里过五关斩六将，经历恶劣情况下的长期运转试验，环境与老化测试、烟雾试验，潮态、噪音测试，高低电压启动测试，长途颠簸试验，等等。从方方面面确保送到用户家中的产品具有普通品牌难以比拟的优异品质。在内控标准中，格力人将自己产品的最低保质期锁定在8年，产品售出后，维修人员8年不与用户见面。

1996年，格力"冷静王"分体式空调投入研发阶段，该款产品的能效比达到3.35，噪声仅34.2分贝，一旦问世，就将成为当时国内噪声最小、制冷效果最好的空调。结果一石激起千层浪，其他厂商在得知此消息后，纷纷开始推出变频空调，为了抓住"机遇"，抢得第一桶金，他们将自己不成熟的产品投放市场，结果可想而知，很多产品出现了"死机"现象。

就在众人都抢抓"机遇"的时候，董明珠却下令把"冷静王"雪藏起来，静下心来努力提高产品质量。同样是一片风叶，格力电器是在研究如何使它的风量更大，噪声更低；同等输入功率的前提下，格力空调的制冷量力争要比同行多输出哪怕是0.1瓦，通过这样一些举措以增加格力空调的能效比。按照国家相关标准，电器电容表面温度只要达到70℃，能正常运行600小时就可以判定为合格。但在格力，电容必须在此条件下运行1000小时才被认定是合格的。在铜管等一些辅材的使用上，格力电器多年来坚持采用全球最大的铜管制造商制造的铜管，因为其质量是行业内公认最好的，当然，价格也比其他的高5%以上。

通过这样一系列严格的检验和质量控制，格力在推出"冷静王"时就做到了胸有成竹，产品在市场上一炮打响也就不难理解了。

1997年，格力尚处于试用阶段的变频空调没有销往市场，而是先在格力驻各地办事处开始试用，很多经销商见到后爱不释手，纷纷向格力方面要货。但格力却本着"不拿用户当试验品"的信条，坚决不将不成熟的产品推向市场，拒绝了众多经销商的要求。为此，有经销商说格力太傻，痛失市场良机。但格力认为当时所掌握的变频技术尚不成熟，需要经过反复研究测试才能下最终结论。这一测试就是4年，等到最后结论出来，决定大量投入市场的时候，时间已经到了2000年。

虽然从时间上来说慢了一拍，但正是格力变频空调卓越的性能和质量一举获得了用户的普遍赞誉，用户也由此看出了格力负责任的态度。

2006年夏天，重庆地区出现了50年一遇的高温——44.5℃，并且连续96天大旱。酷热的室外温度，使很多品牌的空调纷纷怠工趴下。而曾获得"沙漠空调"美誉的格力空调却依然活蹦乱跳地坚守在岗位上，为重庆人民送去难得的清凉。原来，按照国家标准和国际标准，一般空调普遍是针对于常年最高气温在43℃的温带气候设计的，而格力空调的设计标准则在常年最高温度52℃的高温气候环境下也能正常使用。新疆吐鲁番地区以天气炎热著称，国内一些厂家的空调送过去根本无法工作，机器烫得可以摊煎饼。格力电器销售人员却成竹在胸，将专门出口沙特阿拉伯的沙漠空调送过去，很快占领了整个吐鲁番市场。

格力空调在这些市场上的优异表现，都是源于公司对产品的高标准设计和严格的检验测试。

有一个故事很能说明客户在选择空调时的心态方向。

1998年，一家报社要买500台格力空调，希望在价格上优惠一点。为了带动更多的集体消费，格力同意了优惠，报社很高兴。第二年，这家报社又来买空调，并且进一步要求降价，理由是另一家的同类空调比格力低500元。虽然算得上是大用户，但董明珠却意识到如果继续降价，会对公司的发展不利，而且这也不是格力做事的风格。董明珠跟报社表明，即使不卖她也不会再降价了，结果报社买了另一家的空调。本以为这件事就这么结束了，可到了2000年，这家报社又找上门来了，这次对方不再谈什么价格，只说要格力空调，原因是格力品质好。

可见，用户并不是只盯着低价的东西买，当他们对产品质量有了实际的比较之后，他们就会有更加理性的选择。因此，十多年来，众多空调品牌相继在激烈的市场竞争中倒了下去，格力却像一个身强体壮的孩子，不断地成长壮大，最终成为空调行业的龙头老大。

第三章

营销圣经,格力模式的由来

·············

1.挑战潜规则,不付款不发货

虽然"货到付款"是国际通行的惯例,但是一向要和国际接轨的中国企业曾经一度无法在这一点上接轨,而是遵循"先提货,后付款"的规则,故而产生了很多三角债,格力曾经也是其中的受害者。不过,这一中国零售行业的痼疾,却让格力的董明珠除掉了。她用她敏锐的眼光找到了这个营销上的弊端,并且用执着的精神和毅力最终战胜了它。

董明珠之所以站出来单枪匹马挑战这种行业的潜规则,原因是她曾深受其害。

格力创业初期,由于空调行业刚刚兴起,市场总需求大于总供给,而且还受到品牌弱小、大环境的因素和内部管理问题的影响,所以格力实现营销的基本方式同当时的多数企业一样,那就是赊销:

将货给销售终端,卖出多少台空调,格力收多少钱,卖不完的产品就拉回来。事实上,这种"先提货,后付款"的销售模式,对格力产生了很大危害。

首先,钱款不好追缴。济南一家经销商曾欠格力100多万元,于是格力派人去追钱。派去的人在济南待了20多天,第一次去跟他对账,经销商说没空,不肯拿账单。第二次再去,经销商反而说格力欠他的债。总之,这样的经销商很多。格力每追回一笔款项都要花费销售员大量的时间和精力。

其次,由于业务员灵活度较大,导致企业与经销商之间经常发生货款对不上,销售员中饱私囊的情况。董明珠曾回忆说:"我在查账时发现,南宁、江西、重庆……各地都出现了一些不明不白的账。更严重的是,业务员手中掌握的空调库存量也对不上号,公司反映货发出去了,而经销商说没有收到。这是怎么回事?原来各地仓库大多在业务员手里,任由他们处理,甚至可以私设账号,卖空调的钱直接打到个人账号上。"销售员的口袋满了,但企业却遭受了巨大的损失。

面对中国销售界的这一痼疾,很多企业深受其害,但没有哪个企业敢于站出来与之抗争。可董明珠认为,如果让这一销售模式继续下去,格力早晚会被拖垮,于是她下定决心,发誓再不做赊销生意。

原则一出,业界一片哗然。在很多人的思维里,产品制造商是要求着经销商的,没有经销商的渠道,产品就无法卖出去。而且,先发货后付款早已成为行业惯例,董明珠此举,明摆着是要颠覆这种行业潜规则。

大大小小的经销商找到朱江洪告状,有的大经销商甚至威胁道:"有她没我。"没想到董明珠软硬不吃,面对经销商的威胁,她针锋相对:"有我没他!"对很多企业来说,大的经销商对他们的产品销售起着举足轻重的作用,一旦得罪了大的经销商,产品的市场份额可能就会大大缩水。

面对别人的指责与怀疑,董明珠坚定地说:"就算别人全这样,我格力也偏偏不。"即使100次撞得头破血流,董明珠也要撞101次。欠款这堵破墙一定要倒。

事实证明,一切不合理的规矩都是纸老虎,只要你有胆量去戳它,它就会倒掉。

1992年,格力做成了第一笔"货到付款"的生意,再加上格力空调品质逐渐被大众认可,很多格力的经销商逐渐开始接受这种方式,慢慢地,格力制定的"游戏规则"成了整个行业的游戏规则。

自从董明珠决定实行"货到付款"的销售方式后,1992年,她在安徽的销售额达1600万元,占当年格力电器销售总额的1/8,没有一分钱的应收款(欠款)。1993年,她的销售额近5000万元,占当年格力电器销售总额的1/6,同样没有一分钱应收款。1994年,她的销售额达1.6亿元,占当年格力电器销售总额的1/5,依然没有一分钱的应收款。董明珠说:"不交钱不发货,只要认真坚持下来,就不会有什么拖欠……一些企业之所以收不回货款,不是客观原因,而是主观因素。"

随着董明珠销售业绩的一步步提高,她在格力的职位也在逐年提升,但她始终坚持"货到付款"的销售原则。而正是从这一销售模式确立开始,格力的营销才真正开始,至少是良性营销才正式开始。这是董明珠对格力的贡献,也是格力对整个中国销售界的贡献。

企业如果想稳步经营下去,一定不能步入"先提货,后付款"的沼泽地中,因为这对企业百害而无一利。

一位经济学家算过一笔账：假如现在有两个销售人员，其中一位对客户还款能力要求很严格，某月销售额100万元，三个月内回款100万元，回款率100%。而另一位则不管客户信用程度如何，当月销售额150万元，三个月内回款140万元，回款率93.3%，但存在呆账10万元。假设该产品利润率为10%，忽略时间价值等因素，前者获利10万元，而后者仅获利5万元（本应获利15万元）。

一些企业在买方市场激烈竞争中不知所措，抱着"有奶便是娘"的心态，往往在还不了解客户底细的情况下，就急于和对方成交。这样尽管销售额攀升，但企业最后却没多赚钱。而且，如果成交量巨大，一旦成为呆账、死账，企业还有可能被拖垮。因三角债而死亡的企业，在中国也不在少数。

全面推行"先付款后发货"的基本销售政策，是企业实现完全意义上市场营销的重要标志之一。"先付款后发货"的基本销售政策的推行，使生产企业由此前被动的销售变为全面的主动销售，其贡献至少有两个方面：

首先，见款发货，不仅有利于销售管理，杜绝了来自经销商和业务人员的风险，而且有利于筹集资金，降低了生产经营中的财务成本。

其次，该销售政策迫使经销商不得不积极努力地推销产品，因为经销商到手的货物是他们自己掏钱买回来的，为了套现，他们自然会想方设法地尽快将货物脱手。这样就产生了两个对企业有利的效果：一是销量增加；二是销售网络扩大。

总之，款、货同步结清是对双方而言最公平、最合理的成交方式。只要企业的产品对客户有足够价值，这种营销方式就会让双方都进入一个良性的销售循环圈中，最终的结果是"双赢"。

2.返利策略——连接经销商和企业的纽带

格力最常用的返利措施有两种,一种是"淡季返利",一种是"年终返利"。

所谓"淡季返利",是格力独创的一种营销策略。它用一种非常灵活的方式,既解决了企业流动资金的问题,也更好地把经销商和企业拴在了一起。

随着销量的高速增长,每当淡季时,格力电器不得不向银行大量借债来购入原材料,生产的空调放在厂里又对库存造成很大的压力。当时,银行贷款利率高达7%,格力电器每年要支付1亿多元的利息。董明珠心想,与其把这笔钱交给银行,还不如把它用在关系更近的经销商身上。

于是,一种全新的厂商合作模式出现了。淡季时,经销商向格力电器投入资金,格力电器则把生产出的空调发给经销商。这样,既解决了格力电器淡季生产资金短缺问题,又缓解了库存压力和旺季时的集中供货压力,而经销商则可以得到两种好处,一是格力电器保证在旺季时向其提供充足货源;二是格力电器会支付合理的利息。

这就是格力独创的"淡季返利"模式。就是这一模式,让格力电器在1995年淡季回款比上一年增加3倍以上,足有11亿元。对经销商而言,格力电器不仅保质保量地供了货,还返利6000万元,这可要比他们把钱存在银行实惠多了。

就是这一销售政策,大大刺激了大经销商加盟格力电器的意愿。由于经销商淡季向厂家打款可以拿到更有竞争力的价位，而且旺季提货同样享受淡季的价格优惠，他们不可能不趋之若鹜。而且，能够在淡季投入巨资的，必定是销售大户。不管资金来源于存款还是借贷，他们在淡季的投入，无形中已经扩大了格力的销售市场。

不过，这种方式对于大户而言，是存在一定风险的。由于空调是季节性产品，谁也不敢保证下一个旺季是否是高温天气，一旦出现"凉夏"，压在仓库的空调就难以销售，资金流动自然就会成为问题。

反之，格力也在"赌"，赌老天爷的仁慈，赌大户的胆量，赌竞争对手的失误。风险很明显，一旦策略失误，就会出现经销大户反水的现象，到那个时候，格力再想和经销商忠诚合作，就难以有吸引力了。

不过，格力并不是盲目地赌，它还是持有几张底牌的：

(1)格力的品牌号召力正日渐增强。旺季总会到来，格力空调在产品差异化方面具有明显优势，为用户提供了更多的价值并且被越来越多的用户认同。也就是说，格力空调已经具备了一定的用户市场。

(2)在以往和大户的合作中，已经有相关成功的案例供大家参考。很明显，现实的案例更有说服力。

(3)制度创新优势。格力电器率先采用淡季返利，即便竞争对手及时反应过来，也难以迅速加以模仿。

格力的淡季返利政策，可谓一石二鸟，既解决了淡季资金的需求问题，又牢牢地把经销商和企业绑在了一起。经销商由于已经把资金投进了格力空调，就很难有更多的资金去做其他品牌，这对格力肯定是一件好事情。

1996年，格力在销售策略上推出了貌不惊人，但更加致命的新式武器——推后一个月进入旺季。

旺季与淡季的分法,既无法定认可又无科学论证,更多是一种约定俗成和思维惯性——即4月至8月是旺季,9月至次年3月是淡季——淡季卖低价,旺季卖高价,利用价格信号来调控供求弹性。"聪明的"厂商就在利益的追逐中达成"同谋":经销商提前调集资金,在旺季到来之前大量吃进,在旺季到来后再卖出去;制造商则想早点把旺季价格提前,把赚钱的月份提前……

然而格力突出奇兵:将淡季价延长一个月!这意味着,两个百分点的价差让格力少入账好几千万元。

经销商虽然精明,但却精明不过董明珠。和经销商的精明相比,董明珠更有点大巧若拙、大智若愚的味道。她这怪招一出,经销商无不迎风而倒,败于手下。中南某公司原打算4月进三个品牌的空调,分别是美的、日立、格力,按4:4:2比例进货。现在格力突然延长淡季一个月,也就意味着大多数空调都在以旺季价格出售的时候,他却仍能够以淡季的低价格在格力进货。这家公司的总经理立即打电话告诉部下,全部进格力,并一次性打了8800万元货款给格力。

同样是在这一年,在销售年度结束时,格力又推出了一个让经销商欣喜若狂,让竞争对手大惊失色的怪招——在经销商没有任何思想准备的情况下,格力电器突然拿出1.5亿元利润奖励他们。这一"惊喜返利"的举措使经销商的信心进一步增强,为下一年继续推行淡季返利、年终返利埋下了有力的伏笔。

其实,年终返利的策略,格力在上一年就开始实施了。1995年,格里拿出7000多万元的利润还给经销商。1996年的年终返利之所以让经销商欣喜若狂,是因为这一年的旺季出现了凉夏,很多经销商不赚钱甚至亏本,格力为了顾全大局、保证经销商的利益,这才拿出了1.5亿元去补贴商家,使每个经营格力空调的商家都没有亏,有的甚至还能赚钱。

两种返利模式的交互采用,使大户经销商认识到销售格力空调不但有较高的利润空间,并且销量越大,就能获得越多的年终返利。商人为利润而存在,当他们认识到了这一点,纷纷毫不犹豫地拿出了更多的资金去发展下线经销商。

经销商的这一举动意义重大。因为二三级的经销商往往会因为自身的利益,放弃原来的供货商而跟着大户跑。大户销售网络扩张的过程,实际上也就是格力销售网络扩张的过程。仅仅两年时间,格力空调的产销量由第八迅速上升为第一,大户的作用不容忽视。

如果说格力模式的成功是依靠"淡季贴息返利"和"年终返利"稳住了加盟商,这只是一种格力模式实施方式。格力模式是一个好的创意,但是要将一个好的创意实现,并取得预期的效果,并非一件容易的事情。这就需要一个好的团队,需要诚信做基础。也正是一个以朱江洪、董明珠为主导的诚信践诺、制度严谨、执行到位的企业文化的张力,聚拢了一批大户经销商一起打拼市场,最终实现了共赢。

3."格力模式"的由来

如今,业界通常说到的格力营销模式,指的就是"联合代理"模式,也被称为区域销售公司模式。这个模式的核心内容是:以资产为纽带,以品牌为旗帜,由厂方出面并控股,把一个区域内的多家大户捏合在一起,成立一家专营格力这一单一品牌的股份制销售公司,厂方在该区域的一切市场开拓、管理和服务工作均通过该销售公司来实现。

联合代理模式的主要特点是：统一了渠道、统一了网络、统一了市场、统一了服务。它的创立，开辟了格力独一无二的专业化经营道路。

1996年被喻为家用空调业的"第一次全国大战"之年。时任格力电器经营部长的董明珠没有睡过一个好觉，手机24小时开通。市场的无序竞争以及罕见的凉夏，使价格战打到了"死亡之谷"。"除非按我说的马上降价，否则格力今年死定了！"一位格力经销商扬言。

而另一方面，由于刚从买方市场转入卖方市场，市场机制缺失，群雄四起，诸侯割据。以格力湖北市场为例，格力原来在湖北有4个销售大户，号称"战国四雄"，为抢占地盘，竞相残杀，同根相煎，不仅四败俱伤，而且极大地扰乱了格力的价格体系。

"凉夏血战"的结果，最终导致了大多数经销商和厂家血本无归。在这场血战中，格力虽然依靠人情的力量杀出重围，但最终无序的市场竞争还是使格力的经销商无利可图。1996年年底，格力忍痛拿出1个亿补贴经销商。

痛定思痛后，格力意识到，恶性价格竞争不仅损害了品牌的声誉，而且低廉的价格也将使经销商无力承担对用户的售后服务，最终导致用户的根本利益受到损害，整个行业倒闭。

经过深思熟虑后，董明珠作出了"把大家捆在一起"的决定，并开始了全新销售模式的探索与实践。1997，格力联手湖北四个大户成立了第一家以资产为纽带、以格力品牌为旗帜，互利多赢的经济联合体——湖北格力空调销售有限公司，统一市场、统一渠道、统一网络、统一价格、统一服务，树立了市场规范竞争的典范。

果然，第二年，湖北格力笑了，格力空调在湖北销售大增40%，销售额达5.1亿元！第二级、第三级经销商也笑了,因为他们的销售也"水涨船高",共同致富了!

四川销售公司总经理喻筠曾评价:"这种模式不仅在化敌为友,统一掌握区域市场、确保厂商利润等方面发挥了极大的优势,而且这种有别于办事处、不同于大户制的与厂方紧密结合型的销售模式完全实现了本地化经营的特征。因而对规范市场提升销量极见成效。"

这就是格力模式的由来。

接下来,让我们看一下格力模式为什么有如此大的威力:

首先看一下它的组织结构。

(1)省级合资销售公司。即格力的区域销售公司,由省内最大的几个批发商同格力合资组成,向格力空调总部承担一定数量的销售任务,并同总部结算价格。销售公司负责对当地市场进行监控,规范价格体系和进货渠道,以统一的价格将产品批发给下一级经销商。除了与总部有货源关系,听从总部"宏观调控"外,价格、服务、促销实行"区域自治"。省级销售公司的毛利率一般可达到10%左右。

(2)区级合资分公司。各地市级批发商也组成相应的合资分公司,负责所在区域内的格力空调销售,但格力在其中没有股份。合资分公司向省级合资公司承担销售任务,两者之间结算价格。

(3)零售商。合资销售分公司负责向所在区域内的零售商供货,零售商在此模式下显得没什么发言权,他们的毛利率较低。

再看一下格力的渠道分工。

(1)促销。格力公司负责实施全国范围内的广告和促销活动,而当地广告和促销活动以及店面装修之类工作则由合资销售公司负责完成,格力只对品牌建设提出建议。有关费用可以折算成价格在货款中扣除,或上报格力总部核定后予以报销。

(2)分销。分销工作全部由合资公司负责,它们制定批发价格和零售价格,并要求下级经销商严格遵守,物流和往来结算无须格力过问。

(3)售后服务。由合资公司承担并管理,它们或自建或与第三方服务公司签约,监督其执行。安装或维修工作完成后,费用单据上报合资公司结算,格力总部只对其中一部分进行抽查和回访。

很明显,这种模式通过相对清晰的股份制产权关系,很好地解决了利益的创造和分享问题。在客观上促进了各区域经销商的主观能动性的发挥,以及当地文化的把握及人脉资源的充分整合与调动。在业务上,各地销售公司是总部的一个营销部门,并受总部的业务管理;在形式上,销售公司是独立法人,是一个产权非常明晰的企业,有了良性的产权激励机制。总部给销售公司提供品牌和市场,并实施监督。其他的一律下放给销售公司,销售公司有制定价格和政策的权力,有很大的自主权。这样也同时培养了各经销商对格力品牌的忠诚度,统一了价格体系,真正成为利益的共同体。

然而,利有多大弊就有多大,随着销售业绩的不断增长,联合代理模式也相继暴露出一些问题。

(1)由于区域销售公司有自主的权利,格力电器给二、三级经销商的一些补偿也要通过他们转手,于是他们就克扣二、三级经销商的一些补偿,更有甚者竟然把二、三级经销商应得的安装费也给克扣了下来。这种做法无疑会引起众多小经销商的不满,也严重挫伤了终端网络销售格力空调的积极性。

(2)一些区域销售公司由于实力迅速膨胀,无论是资金还是声望,都在当地占据了很大的优势,他们开始不满足于只经营格力一个品牌,试着开始运营其他品牌的产品。而销售渠道,仍然是在格力帮助下建立起来的销售网络。站在商家的角度,追求利益最大化的驱动必然会使他们这样做，而站在格力的角度，这无疑是一种吃里扒外的行为。

面对变幻莫测的市场，没有哪种营销模式是可以一成不变的，"格力模式"也同样如此。董明珠对此有深刻地认识。当初有人称赞格力诞生了"20世纪全新的营销模式"，董明珠就已经意识到：诞生也仅仅是诞生而已，它还得不断成长，不断完善，不断适应新的市场形势的变化。

事实再次证明，董明珠当初的判断是正确的。随着时间的推移，商业形态、竞争格局的发展而出现的种种变化，格力渠道的调整也先后在南方地区相继展开。

4.专营店模式:精耕细作阶段

专营店的出现，是不得不为之的一种必然。

随着企业的发展，格力不可能不重视"联合代理"模式给企业带来的消极影响。格力在思索，"联合代理"模式应该何去何从？思索的结果是，格力将"联合代理"模式顺利地向前推进到了一个新的发展阶段——"精耕细作阶段"，也就是专业代理阶段。

专业代理模式与联合代理模式的区别在哪呢？专业代理模式的具体表现形式就是格力空调专卖店。也就是格力在保持原有销售渠道不变的情况下，进一步把销售渠道深入到最终端。

格力与国美合作的分裂，也是导致格力专注于打造专卖店的原因之一。

随着国美、苏宁等连锁家电大卖场的日益强大,名目繁多的各种进场费用使原本处于平等地位的家电厂家逐渐在地位上处于劣势,而如果厂家稍有怨言,就会被大卖场封杀,市场销售就会出现问题。连锁家电大卖场这种利用渠道优势压榨厂家的趋势越来越明显,直接导致的后果是使一些制造企业无法继续经营下去,倒闭或者被收购。对于这种不好的现状,就连商务部都出台了《管理办法》(《零售商与供应商进货交易管理办法》)进行厂商行为的规范,对于商家的某些收费进行规范。

而当初格力如果不是果断地进行削藩,强化连锁平台,它就难以在后来有足够的底气与国美叫板。和国美的叫板又反过来使格力认识到,强化连锁平台,深入发展连锁经营店是明智的选择。否则,它就不得不和其他企业一样,忍受连锁家电大卖场的"压迫"。

正是基于这内外的双重压力,格力在完善区域销售模式的基础上,下大工夫对专卖网络的规范管理及销售能力进行了全方位提升。包括店面装修、导购培训、服务培训等,格力很快就在全国拥有了众多店面整洁漂亮,门面统一,服务规范、周到的专卖店。同时加强三四级市场的布点力度。据统计,格力专卖店目前在全国已有13000多家,这是格力为了应对家电连锁大卖场疯狂开店所布下的一张天网。

专卖店经营被誉为20世纪最成功的营销创举,是企业创建强势品牌和积累品牌资产,提高销售业绩的有力工具。也许有人说随着大型连锁渠道的发展,专卖店模式已经不适合现代营销的发展了,但事实上很多大品牌的产品设有自己的专卖店。

联想作为一家我国知名的企业,首先在IT行业运用专卖店经营模式，并取得了成功。回顾联想专卖店的经营历史，1998年，联想开始试验阶段，他们在北京、上海和广州开了6家店，接着又在全国开了10家店，取得了很好的成绩；之后进入第二个阶段——大规模发展阶段，在1999年，联想用了一年的时间开了100家联想专卖店，覆盖全国33个城市；2000年，联想又扩大了范围，并加进了一部分四级城市。不到三年时间，联想专卖店就迅速发展起来。

专卖店经营可以满足用户统一的价格，良好的服务需求。联想认为，原来家用电脑的销售，或采用委托制，或通过大型百货商场零售代销，并不真正适合家用电脑用户。电脑属于高科技产品，其使用和维护都有一定难度，商场销售人员无法满足家庭用户专业化服务的需求。所以联想建立全新的专卖店体系目的就是提高联想的竞争力，实现对品牌、管理经验的整合。

不过，专卖店经营也有自己的弊端。

首先，专卖店的产品价格没有连锁卖场的有竞争力，而且用户也无法像去连锁卖场消费时那样，可以在节假日享受促销活动。其次，专卖店品牌单一，如果用户想一次性采购完自己所需的物品，其愿望就无法在专卖店达成。也就是说，专卖店不符合用户多样化选择的需要。最后，用户如果在专卖店购物，一旦该品牌被淘汰，售后就无法保证。

专卖店的销售形式是一把"双刃剑"。企业是否采取该形式，必须结合自身情况。也就是说，企业应该结合自己的实际状况，决定是否设立专卖店，或者设立多大规模的专卖店。像格力的专卖店在企业自身的整个销售网中所占的比重较大，但格力并没有放弃卖场或者其他销售渠道。还有很多企业也设立了专卖店，但在整个企业营销网络中的比重很小。关于专卖店的数量是多点好，还是少点好，没有标准，只要适合企业的就是最好的。

总之,到底是专业代理的营销模式制胜,还是大连锁称王,现在说还为时过早。不过,可以肯定的是,无论什么样的营销模式都是既有利又有弊的,都需要不断创新发展,"一招鲜,吃遍天"的时代早就一去不复返了。

5.叫板国美:渠道不代表一切

2004年,"国美格力事件"一度成为媒体关注的焦点。

事件的内容很简单,就是国美在未经格力允许的情况下,私自下调了格力一部分空调的价格,当时正在北京参加"两会"的董明珠得知消息后,感到非常吃惊,她断然下令:停止向国美供货。

国美向来是只有"欺负"别人的分,没想到这次碰到了一个不买它账的"刺头"。2004年3月9日,国美北京总部也随之向全国销售分支发布了"把格力清场、清库存"的决定。这一决定像一桶汽油泼在火苗上,使双方矛盾骤然升级,关系急剧恶化。一家是连续9年占据国内空调销售量第一的生产商,一家是有着130多家连锁商城的全国最大的家电零售商。"豪门"厂商的对抗吸引了众多的目光。

董明珠是个眼睛里容不得沙子的人,她意识到这不仅仅是双方对产品价格控制权的争夺,它还关系到双方能不能"诚信"合作。而且,国美虽然实力雄厚,销售网络遍布全国,但在格力的销售额中,它不过占了不到1%的份额。即使没有跟国美的合作,格力的销售额也保持了40%的增长率。

董明珠非常清楚,在和国美的对抗中自身占有优势。

和其他家电制造商相比,格力的特点主要表现在两个方面:第一,专注于空调制造,而不像其他家电厂商搞多元化扩张;第二,构建了一个具有更紧密关系、排他性的销售网络。第一点使格力在空调的制造能力和品牌鲜明性上具有一定的优势,第二点使格力空调具有更强的渠道推力。质量控制、品牌优势和渠道推动是驱动格力高速成长的"三驾马车"。

在连锁终端势力日益强大的情况下,格力敢于和渠道叫板的底气也在这里,因为它的规模、质量、品牌优势和独特的渠道优势,使得它不依靠连锁终端也仍然可以有巨大的生存空间。

董明珠的强硬反应,显然出乎黄光裕的意料。通常来说,厂家离不开商家,商家也离不开厂家,这是一个规律。不过,虽然黄光裕很佩服董明珠自建渠道的方式,但他还是认为工厂应该更多地强调技术而非销售。他举了一个例子:松下当初在日本建立了很多自由的营销途径,但在现在看来,都已经几乎不存在了。从这个角度来说,黄光裕认为国美这样的专业店是销售途径之一,而且这应该是一个大趋势,一个必然的趋势。黄光裕认为,自建渠道只是销售方式的一个补充,不可能成为长久之计。

对黄光裕的观点,董明珠的反应也大出人们的意料,因为董明珠对这件事情的看法已经超越了企业利益的局限性,她更多的是从社会责任的角度去反驳黄光裕。

董明珠说:"国美跟格力发生的矛盾,并不是个人之间的矛盾,而是观念的矛盾。现在要创造和谐社会,发生矛盾时,我认为应该多考虑行为本身是不是能从自己做起,帮助实现和谐社会。格力始终把用户利益摆在第一位,而不是今天卖一个低价产品,就认为我的价格最低,我是最好的。现在的商家和厂家都没有暴利,如果都亏损,企业就要倒闭,许多人将面临下岗,这不是大家愿意看到的。企业要对自己的行为负责任,不能赚暴利,但也不能不赚钱,这就是格力与国美之间的不同观点。我希望跟格力合作的人,都能够成为赢家。同时,也给大家提醒,只要每个人都用诚信对待每一件事、每一个人,那么你就可能是赢家。"

随着格力撤出国美,对自有渠道的深入探索,更多的不满足于零售业的制造企业也在摸索着同样的道路。TCL的幸福树、美的4S店、海尔的3C专卖店,以及创维、三星等都在建立或正在摸索构建自己的销售渠道。可以设想,如果一味逐利的商业精神继续蔓延,输掉的将是对弈的双方。

6.放眼长远利益,牺牲眼前利益

了解空调行业的人都知道,这个行业向来是价格大战的爆发区。

要是碰上天公不作美,来个凉夏,价格战就更是在所难免。董明珠既然踏入了这个行业,又一不小心被推上了商场的风口浪尖,她就必须时刻做好准备要面对这种挑战。

1996年是国内空调业的"生死年",这一年是我国历史上梅雨期最长的年份之一。就在这年春天,包括合资企业,全国空调总产量已高达2000万台,可市场容量还不到600万台。而且紧接着的夏天,我国各地暴发了百年不遇的特大洪灾,雨足足下了40多天,日常气温低于33℃。这种情况对"靠天吃饭"的空调业是一个严峻的考验。

于是，一场残酷的空调大战在这个凉爽的夏天一触即发。

董明珠感觉到了压力。但这种压力也不是只有她一个人才有，所有的空调生产商都面临着同样的天气变化，大家都不可能不战而退，唯一的选择就是放手一搏。

价格战很快就开始了，激烈而又残酷：科龙率先大幅压低价格，一款空调从原先的6400元、5800元、5600元、5000元，骤然降到4280元！其他品牌立即跟进，还抬出口号，"让利不让市场"，将所有款型的空调价格成千成千地往下砍。看到格力按兵不动，经销商纷纷打来电话催促："只有立马降价，否则格力今年必死无疑！"

经销商从自己的利益出发要求降价无可非议，如果董明珠站在经营部的角度考虑问题，降价同样是一件有益无害的事情。毕竟，价格要是降下来了，经营部的销售压力也就减轻了，就是有所损失，那也是企业的损失，国家的损失，与经营部关系不大。

而在这关键时刻，朱江洪总经理因劳累过度住进了医院。董明珠站在全局的高度，扛起了反对降价的大旗。她明白，很多经销商在拿到厂家的供应价后，一转身就以低于厂里的价格出售。经销商不会做赔本买卖，他们也不是在"赔本赚吆喝"，他们的想法是，只要把量做大了，厂家最后就会考虑给予补偿。如经销商投入8000万元，按1%或2%的亏损，在淡季时他们就会向厂家要求增加5%的亏损率。这样在淡季时投入的经销商已经获得了利润，因为没有稳定的价格，他可以抢先出手。市场虽然被扰乱了，但经销商却获得了好处。

董明珠意识到经销商要求降价，不全是为了抢占市场份额，他们是想通过银行贷款进行大量投入后，把货低价售出，待他们赚了钱后再进行第二轮轰炸。他们很可能在旺季时进一步扰乱市场运作，完全不考虑企业和用户的利益。如果格力空调降价，个别经销商就可以用低价来冲击二、三级经销商，冲击那些没有足够的资金实力和他们对抗的竞争者，这会使广大经销商对格力产品和品牌信心发生动摇,后患无穷。

虽然董明珠反对降价,但她没有资格参加公司的高层会议。公司的部分高层领导开会作出了降价的决定。董明珠在众多高层领导面前人微言轻,根本就没人重视她的呼声。不过董明珠明白,如果这次真的降价了,企业可能要损失2亿,甚至有可能将格力电器拖垮。她找到了分管经营部的一位副总经理阐述不能降价的理由。这位副总经理也赞同董明珠的观点,但是会后他非常无奈地告诉董明珠,大家都坚持降价,他也只好跟着同意降价了。还有一位分管财务的副总更是无关紧要地说:"我可管不了那么多,我管财务,只要现在能拿回钱,以后是以后的事。企业以后怎么样,我管不了。"不过那位分管经营部的副总告诉董明珠:"降价虽然开会通过了,但还要到医院请示朱总后才能实施。"

听到这句话,董明珠悬着的心一下子落了下来。她对朱江洪的了解就像朱江洪对她的了解一样,两个有着共同目标的人,总会在关键时刻抱有相同的观点。董明珠相信朱江洪不会为了短期利益而毁了格力,她相信他一定会打电话询问她的意见。这不仅因为他们有着共同的目标,还因为她才是市场第一线的,只有她才清楚市场前线的真正状况。

果然,朱江洪和董明珠,这两个合作默契的人在反对降价的问题上再一次取得了一致观点。朱江洪认为,价格太低,专卖店为省几个钱,难免饮鸩止渴,牺牲安装维修,那么给用户提供的就是劣质产品。在难以保证质量和售后服务的地方,格力宁愿让出市场,也不降价。

不降价也就意味着经营部要承受更大的压力。董明珠手机24小时开通,平均每天几十个电话,凌晨2点发生问题也会有电话来。这个凉爽的夏天,她却没有睡过一个安稳觉。

当时,格力电器最大的经销商,平均每年的销售额几个亿,占格力电器销量的10%以上，此时已囤积了大批空调，正悄悄低价倾销。100万元进的货，他转身80万元就敢卖出去，想自己先亏些钱，一举击溃竞争者，独霸一大片市场，然后再与格力电器讨价还价。这个人在业内很有影响，甚至在格力电器高层也有后台。他的货倾销范围近10个省。最厉害的是，他从珠海进的货，运到华东后还能再卖回广东。

对于这种不诚信的行为，董明珠察觉后立即对此人停止供货。

这位经销商自恃是格力电器的最大用户，且与公司高层某领导关系非同一般，于是大大咧咧地找上门来收拾董明珠，扬言"有她无我"。董明珠则宁肯被撤职，也不让步。这人一看硬的不行，便四处求情。但董明珠"坚决不与缺乏良心和责任感的人做生意"。最终，格力电器彻底中断了与此人的合作，众多中小经销商也大大出了一口恶气，军心得以稳定。

价格战越打越激烈。同一类型的产品，有的厂家把价格降到了比格力低800到1000元，对格力产品的销售无疑造成了极大的压力。有的业务员不断给董明珠打电话："两种柜机摆在一起，人家的便宜那么多，用户当然不买我们的。"

面对业务员的抱怨，董明珠知道他们也承受着巨大的压力。她尽量安慰业务员："丢掉一部分市场是不可避免的。用户不同，他们的要求也各不相同，哪有一种产品就能满足所有人的需要呢？现在格力柜机占了差不多50%的市场，已经很完整，没有必要用降价来追求一部分市场。"

董明珠意识到这种行为的问题所在：以如此低的价位出售，他们要么是负债经营，要么是低价购进元器件，降低空调的质量，牺牲用户的利益。

为了渡过难关，格力电器放弃了跌价最厉害的一匹分体机，把生产和营销重心向技术含量高、利润也高的柜机和"冷静王"等产品转移。

事实印证了董明珠的判断，一直是国内"老二"的华宝，降价后销量创出新高，但却巨额亏损。华宝从此退出竞争，归到"老四"科龙旗下。同时，这场大战还断送了包括当时的"窗机大王"——杭州东宝在内的一大批品牌的前程。

这些品牌惨败的原因几乎如出一辙：大经销商为争夺地盘、扩大市场份额，向厂家索取更高回报，纷纷使出批发价低于出厂价、零售价低于批发价的手段，相互倾轧。价格的一天三变让中小经销商苦不堪言，最终人心涣散。

华宝一直是董明珠格外敬重的同行。每次提到它的黯然陨落，她总有不尽的感慨和惋惜。是啊，一个企业消亡的真正原因，往往不是竞争的凶险，而是自己心中失去了最后的信念。

谁都难以想象，格力的固守和付出，在这一年得到了丰厚的回报。这一年，格力的销售增幅达17%，以97万台的销量第一次超越了春兰，成为国内的"老大"；其中柜式空调增幅130%，使格力成为全国最大的柜机生产厂家。国家统计局和中央电视台调查中心联合发布调查公告显示，格力在空调类产品中位居"全国市场占有率""产品质量评价"和"售后服务质量评价"三项第一。

董明珠之所以一直坚持不降价策略，是因为她觉得格力在销售上必须达成两个统一：一是公司的发展目标与经销商的发展目标一致；二是厂、商之间的利益与用户的利益一致。厂、商之间没有共同的发展目标，不为了向社会提供最好的产品和服务，是不可能走到一起的。而厂、商之间都只是将自身利益视做最高利益，无视用户利益的，也无法结成营销同盟。

这是两个非常简单的道理：只有长期的、全局性的利益才能满足持久、长远的发展利益；只有满足用户根本利益，才能在市场上立于不败之地。

7.不自信，就没有成功

营销中的技巧和方法固然重要，但信心更是重中之重。

董明珠在刚任职经营部长不久，就发现以前生产的1.9万套单冷分体机还压在库房里，占用了大量资金。这些空调主要是大家认为款式过时，将之列入淘汰产品。董明珠觉得这批货不卖出去，就这么当淘汰品堆在库房里，太可惜了。于是她去找领导商量怎么处理这批产品。领导倒是痛快，立即就作出决定，每套降价300元处理掉。

降价销售当然对经营部有利，但董明珠觉得这样做不对，因为从长远看，这样做对企业是没有好处的。要知道，在激烈的市场竞争中，价格问题往往是焦点。特别是近几年来，空调厂家在价格上做文章的事情屡见不鲜，或降价销售，或低价甩卖，最后完全步入了恶性竞争。

另外，价格是一个综合指数，包括成本、服务、利润等。每一台空调都是技术人员和工人们倾心尽力、好不容易才生产出来的，合理的定价不应该轻易改变。再进一步说，董明珠是从销售第一线被提拔上来的，多年的营销经验告诉她，对用户来说，并不是货越便宜越容易销售，每个价位有每个价位的需求人群。要是轻易降价，会让用户起疑心，担心产品质量是不是有问题。要是这样，产品反而不易售出了。

考虑到这些因素，董明珠又一次作出了不降价的决定。这一次倒是没有高层领导出面阻挠，但最基层的业务员却叫苦连天。这正是1995年的1月，天寒地冻的季节，让业务员去销售单冷空调，难度也太大了。

董明珠虽然价格上坚持不降,但却采取了比较灵活的变通方式。她规定每卖掉一台奖励50元,但若是完不成销售任务,每台要扣100元。

往前走是奖励,往后退是罚款,谁都知道怎么做才对自己有利。

不到一个月,这批空调就在"大棒加胡萝卜"的威逼利诱下全卖掉了,企业直接增创利润500万元。董明珠用她的方式,再一次创造了一个销售奇迹。

如果没有信心,谁能够在寒冬腊月卖掉一批单冷空调!

信心,是这样一种心态:你相信自己的选择是正确的,你相信自己的能力是出众的,你相信自己一定会成功。与其他职业相比,销售人员就更需要有足够的自信。因为,不可能每一次销售都会成功。你的失败概率可能很多;不可能所有的老板都赏识你,都给你机会;不可能所有的用户都会欣然接受你的销售,所以,面对无数次的挫折、失败,你必须要有足够的信心。

伟大销售人员的显著特征是,他们无不对自己充满极大的信心,他们无不相信自己的力量,他们无不对自己的未来充满信心。而那些没有作出多少成绩的销售员其显著特征则是缺乏信心,正是这种信心的丧失使得他们卑微怯懦、唯唯诺诺。

既然自信是销售人员所必须具备的,也是最不可缺少的一种心态。因此,在面对用户时,不可以自认为无法销售,或表现出面有难色、懊恼的神情。一定要相信自己能够获得成功,即使遇到挫折和失败,也不能丧失信心。自信还可以为你的商品增色,对于用户,自信比你的商品还要重要。有了它,你就不愁不会反败为胜。自信的销售员面对失败仍然会面带微笑,他们在失败面前仍会很轻松,从而能够客观地反省失败,找出失败的真正原因,为重新赢得用户而创造机会。

第四章

专业化战略,做空调行业的老大

1.专一化经营,铸就核心竞争力

多元化还是专一化,曾经是中国企业讨论不休的话题。而就在中国的众多企业选择了多元化道路的同时,格力再次体现了其独特的经营思维:专一化经营。

截至目前,格力电器还是中国家电行业唯一的专一化经营企业。

1996年,时任格力电器总经理的朱江洪向公司宣布了一桩重大喜讯:据权威部门的统计数据显示,格力空调1995年首次以微弱的优势超过了昔日中国空调业的老大——春兰,当年销量排名业内第一。会上,一个经过深思熟虑、关乎企业未来发展的特大决定正式出炉:走专业化道路被确立为格力电器长远的发展战略。"1996年之前,格力电器基本采取的是跟随战略,以春兰为标杆。加上那时候空调是卖方市场,一批空调刚下线,就立刻被搬上货车销往全国各地,所以基本上不用考虑企业的长远发展战略。1996年开始，在国内市场，我们的标杆没了，市场也悄悄开始蜕变，这个时候我们必须要有一个明确的发展战略来指导今后的发展方向，增强企业的核心竞争力。"朱江洪说。

实施专业化的经营战略需要一种战略上的坚定性。如果说格力在经营上取得了骄人的成绩，首先是格力在发展战略上取得了成绩。这种成绩突出地表现在他们对专业化战略认识上的深刻，贯彻中的坚定和实践中的准确把握。

2006年，当不少厂家都在为产品的出路犯难，甚至为吸引用户的眼球不惜举起降价大旗的时候，格力向北京、广州、上海、重庆等大中城市，投放了一款高档豪华的空调新品——"数码2000"，以其智能化的人体感应功能、安全环保的一氧化碳监测功能和独具匠心的外观设计，受到了各地用户特别是中高收入阶层用户的空前欢迎，掀起了一轮淡季空调市场少有的抢购热潮。

缘何在众多空调降价之时，价格昂贵的格力"数码2000"却能在淡季热销？原因就在于坚持走专业化道路的格力，已经在产品技术上征服了用户。

"数码2000"的过人之处在于采用了世界独创的人体感应和一氧化碳感应两项新技术，使空调步入了感性化时代，具有智能化和环保两大优势。使你推开家门，不用动手，空调就会自动开启，徐徐凉风或阵阵温暖随之而来；您忘记关空调或房间没有人活动时，空调会自动关机；空调还能感知室内有毒气体——一氧化碳的含量，当其即将达到危害人体健康的浓度时，会自动连续不断地发出阵阵蜂鸣般的警报声，提醒您注意打开门窗通风换气，以降低"煤气中毒"现象的发生。不仅如此，该产品还将"彩色背光液晶显示技术""塑料外观电镀镶件技术"以及"直流变频技术"等国际领先技术在世界上首次运用到了格力"数码2000"上。

这一技术是格力的技术人员历经5年时间潜心研究，并进行了360多天恶劣环境的可靠性试验才成功的，其一经推出就获得用户的喜爱也在情理之中。

董明珠说过，曾经有很多其他企业（做冰箱、彩电、洗衣机的都有）来找格力，希望贴格力的品牌，但考虑到具体情况，如人力、物力等，格力都拒绝了。格力只做空调，从家用空调到中央空调，格力始终认为市场份额是存在的，市场是无尽的。专业化可以使一个企业始终保持压力，必须不断向前，不断进步，"在专业化上越做越好，越走越远"。在这一点上格力所表现出来的坚定和清醒是难能可贵的，特别是面对众多鼓噪者的指责时"我自岿然不动"，正反映出格力战略家的气质和专业化战略运用的娴熟。

另一位企业家潘石屹也是如此。

多年来，潘石屹一直专注于房地产开发销售，很少涉足其他行业。"我对在万通的那段经历作了反思，万通当时最大的问题是多元化经营，摊子铺得太开，到全国各地去投资。所以我得到的教训是，一定要专业化经营。1995年年初从万通出来后，我就下了决心，今后只做房地产一项。"

曾经有一位小伙子眼泪汪汪地跟潘石屹说，自己有个电池项目希望他给予投资，这让潘石屹动了恻隐之心，但最终还是坚持只做他熟悉的行业——卖房子。

2004年，潘石屹曾给夫人张欣谈了一些商业机会，张欣不以为然地说:"不要太看重机会,而是要想办法建设好自己的建筑,不光口头上这样说,而且要这样做,只有你全身心地去做一件事,你才能感动周围的人来帮助你,你也才能把事情真正地做好,任何投机取巧的事都不要去做,也不要去想。"

张欣的话对潘石屹触动非常大。潘石屹想,自己就会盖房子,也喜欢盖房子,中国正迎来一个建筑时代,需求大,单件商品的消费额也大,很有前途。

"如果你要问我为什么不做别的行业,大家都知道我不是没有钱做,而是'我听不明白的不做',这就是我的投资原则。"潘石屹认为,"突然进入其他行业的'门外汉',要想进入该行业的领导者行列都是小概率事件。每一个充分竞争的行业都有(各种)有形和无形的门槛,只有积累了很多年的商业感觉、人脉资源和实力的公司,才能成为该行业的领头羊。"

20世纪90年代,潘石屹到美国去,美国华登基金董事长陈立武找他商谈,让他投资高科技;后来,一位叫彼得刘的也找潘石屹,要他出钱建"信息高速公路"。基金公司的经理们每次见到潘石屹都会大谈投资IT的商业前景。谈了六七次后,彼得刘说:"小潘,你不投,我们没有办法,只有找另一个合作伙伴了。"后来潘石屹听说,他们找的这个合作伙伴名字叫"四通立方",他们合作的产物就是新浪网。

多年后的今天,潘石屹再提起这些往事时颇有些感慨:"如果当时谈好了的话,现在新浪网就是我的了。"不过,这并没有动摇潘石屹的投资原则——"听不懂的不投"。

很大程度上,企业家的做事风格决定了企业的经营风格。就格力而言,董明珠说过,格力不是仅仅为了赚钱而存在的。格力的存在,首先是为了把空调这个事业做好,而正是因为把空调这个事业做好了,格力才能赚到更多的利润。

正是因为真心地想把企业做成一个百年品牌,格力才会在专一化的道路上坚定不移地走下去。同时,我们也看到,正是因为专一化,格力才能够全身心地去研究空调技术,使格力空调的质量在行业里面永远高于其他空调。

2.只想做好空调

董明珠说:"我可以明确地说,格力电器会一直坚持走专业化道路! 即使空调利润再薄,格力也会坚持下去。"

格力是中国家电行业中唯一的专业化经营的企业,格力只做空调。曾有专家分析,格力能在"同质化"严重的空调市场脱颖而出,与其大力宣传专一化、专业化经营有关,因为很多用户认为专业化经营的格力空调更值得信赖。

什么是"同质化"?所谓"同质化"是指同一大类中不同品牌的商品在性能、外观,甚至营销手段上相互模仿,以至逐渐趋同的现象,在商品同质化基础上的市场竞争行为称为"同质化竞争"。中国空调市场同质化的现象确实非常严重,但董明珠却不认同空调"同质化"这一概念,她认为,只要企业的经营理念不同,其生产的产品就会不同。即便认同同质化,也是针对中国空调市场上大多数空调而言,不包括格力在内。

其实要把"同质化"加在格力身上确实有些不公平。单单从格力对质量追求的高度,它和其他中国空调生产企业就不在一个层次上。

董明珠曾举例说："格力四期新建的科技大楼，拥有120多个实验室，要对产品进行很多不同检验，进行破坏性的实验。格力设计的产品，必须要有使用八年以上的寿命。而且这八年，任何一个部位都不能发生问题。"同是一片风叶，格力常年都在研究如何使它风力更大，噪声更低；同等输入功率前提下，格力的质量力争比同行多输出，哪怕是0.1瓦，以增加能效比。而其他企业是否对空调的技术和质量有如此高的要求，很难做出结论。

新疆的吐鲁番是中国有名的"火焰山"，夏天气温之高，让很多国内著名厂家生产的空调只要送过去就"趴"下，机器烫得根本无法制冷，而格力将其生产的专门出口阿拉伯的"沙漠空调"送过去，很快就占领了吐鲁番市场。

格力用专业化战略挑战了同质化论断。正是由于格力的专业化经营使格力专注于空调的技术创新和精品意识的培育及品牌含金量的锻造，把质量隐患消灭在售前。

在产品同质化基础上形成的市场竞争行为称为同质化竞争。同质化竞争通常而言是比较残酷的，因为同质化意味着各家企业产品的重复性很强，即差异小，不易分清。如是知名品牌，尚有竞争力，但仍需进行品牌建设及产品、服务的提升。如是一般品牌，免不了要进行残酷的价格战，市场前景不容乐观。

企业应该如何应对同质化竞争呢？专业化战略可以挑战同质化竞争。专业化战略是差别化战略，是精品战略，是不等同化战略。专业化战略为企业以高端技术为突破口开辟市场和进击市场提供了一种实现能力。企业如果可以将有限的人力、财力、物力、领导的关注力、企业的潜在力集聚在某一方面，突现和形成局部优势，这种战略能力将成为企业在竞争中的一种核心竞争能力。

专业化战略有以下三方面优势：首先，随着社会和科学技术的快速发展，企业的专业化分工越来越细，企业的资源又是有限的，如果企业什么事都想干，什么钱都想赚只怕没有可能。

其次，从收益和风险的平衡来讲，一个企业是多元化经营还是专业化经营与企业的盈利率和风险并无直接的和必然的联系，甚至可以说更专注一点，更有利于核心竞争力的形成。

最后，企业坚持专业化经营，比去开拓一个新的领域风险要小。因为一个企业对本行业的市场状况、技术水平、竞争策略等情况一定比对其他行业更了解、更熟悉。

有一家公司，在十几年中只做音乐播放器和手机，而且只做五个型号的音乐播放器和两种款式的手机，在这个山寨机猖獗的时代，你觉得这家公司有希望吗？看看深圳数码产品的小作坊，一天就可以制造出几十种产品，再看看诺基亚和摩托罗拉公司，一年少说也会推出几十种型号的手机……

尽管现实如此残酷，但是这家公司依然能强大到无法撼动，它的名字让人们为之疯狂，它早已是时代的代名词，它就是美国的苹果公司。提起苹果公司，相信大家都不陌生，虽然它推出的产品只有屈指可数的几款，但是其市值一度超过了Google，这不得不令人佩服。

乔布斯经营苹果的思路就是专注，就是求精。他把所有的研发、市场和推广都专注在一个产品上，甚至只有一种型号、一种颜色，不留任何后路。正是因为苹果公司坚持做精，苹果的产品才能以质取胜，风靡全球。乔布斯坚信，只有专注，才能把每件事情做到极致。这就是苹果公司每款产品都能横扫全球市场、缔造王者之气的原因所在。

把企业做精，就是企业要有自己的核心业务，要对核心业务投入100%的技术、心血和精力，把它做到极致。有人说，市场经济就像地上撒了很多钱，你一定要先捡离自己最近的钱，因为你比较有优势。同样的道理，你要做自己最有优势的产业，并用心做好，这样你才可能不空手而归。只有把企业做精了，你才有希望把企业做强、做大。

在市场同质化日益严重的今天，企业必须在专业化上有所作为，否则很难应对惨烈的竞争。

3.专业化不是"一篮子鸡蛋"

很多人存在一个误解，认为专业化战略就是"一篮子鸡蛋"战略。他们认为，多元化战略是把鸡蛋分放在多个篮子里，而专业化战略就是把鸡蛋放在同一个篮子里，因此认为，多元化可以分散风险确保安全，而专业化则是面临着很大风险。其实，把专业化战略当成"一篮子鸡蛋"战略完全是一种理论上的糊涂，逻辑上的混乱。

格力多年来一直实行专业化经营，但他们认为专业化战略并不是"一篮子鸡蛋"战略的翻版，二者在本质上有明显的不同。

在格力看来，专业化战略是一种避免全面出击和平均使用力量的创业发展战略，更是一种进行产品和市场的深度开发，促使企业获取增值效益的企业竞争战略。这种专一，是一种从竞争的态势和全局出发的专一，其出发点和落脚点是为了争得竞争中的有利形势和主动地位。专一的思路要求我们把有限的人力、财力、物力，领导的关注力和企业的潜在力集聚在某一方面，力求从某一局部，某一专业，某一行业进行渗透和突破，形成和突现出局部优势，继而通过局部优势的能量累积和市场的深度开发，争得竞争中全局的主动地位和有利形势。

而所谓的"一篮子鸡蛋"战略，就是一种带有押宝性质的赌博，指的是企业在不了解市场行情的状况下，还不愿意花费过多的精力去了解市场，了解行业，就盲目地将企业的资源全部投放在一个项目上。在这种情况下，企业无疑要面临巨大的风险，只要投资失败，就相当于将一篮子鸡蛋打翻，也意味着企业要关门大吉。

所以说，专业化战略与"一篮子鸡蛋"战略是截然不同的。它不是把鸡蛋放在一个篮子里，而是同样地要把鸡蛋分放在多个篮子里，但是每一个篮子里的鸡蛋都进行了深度的产品开发和市场开发，具有增值的现实可能性。因此这种看似"专一"的鸡蛋，尽管还是鸡蛋，但却是进行了市场扩展的鸡蛋，加进了科技含量的鸡蛋，具有产品增值效应的鸡蛋，这就从根本上提升了企业的竞争能力。

反观走多元化道路的企业，包括空调行业曾经的老大哥春兰等，都因为多元化经营而踏上了衰落的道路。

春兰空调当年也是空调行业的一面旗帜，在其空调销售首次突破百万套、迎来发展的第一个高峰时，事情却发生了转折——春兰进行了多元化战略。后来的事实证明，这一战略不但没有为其带来预期的好成绩，反而使其丧失了在空调行业的"大哥"位置。多年来，春兰空调一直徘徊在二线品牌之列，销量、利润、影响力和以往相比，都大大缩水。

也就是在春兰空调下滑的这段时间，格力却凭着其专一的精神和专业的技术,迅速成为行业龙头,并在向外进军的过程中造就了格力的世界品牌。

可以说,春兰多元化并未因减弱对空调业务的投入力度而获得增长。彩电、洗衣机、冰箱、电脑等产品都跌出行业十强之列,市场销售不尽如人意。而春兰摩托车也成为匆匆过客,春兰虎、春兰豹产品只成就一时辉煌,春兰卡车也因政策因素,一直无法获得快速发展。被寄予重望的新能源镍氢电池项目也因为市场环境整体不成熟,短期内无法形成规模经济,不足以支撑集团的走势。

据专业人士分析,春兰在短期内从一个空调企业就展开了向多个领域的多元化扩张,是缺乏充分准备和扎实基础的。这种扩张有关联度较大的冰箱、洗衣机,还有跨度较大的电脑、摩托车、汽车以及新能源。在关联多元化扩张中,春兰并未很好地利用原有的网络、品牌、技术等优势取得成长。而在非关联多元化中,由于跨度过大,缺乏成熟人员和技术储备,春兰在短期内也根本无法获得经济效应。

人们经常会听到"红海战略"和"蓝海战略"这两个时髦词汇。红海战略是指市场竞争已经白热化,产品、服务同质化严重,企业利润呈现微薄甚至负利,在这样的市场中竞争、搏杀,价格战此起彼伏,最后都是两败俱伤,所以很形象地表示为红海。而蓝海战略是指通过创新,无论是经营管理创新、营销创新还是商业模式创新,都是通过改造现有的体系,从成本、消费群体、消费方式转变、产品服务升级提升等诸多方面实现创新,从而跳出红海,开辟属于自己的蓝海市场空间,达到赢利的目的。

企业都想拥有自己的一片蓝海,都不愿意在红海中搏杀,但蓝海的开拓是建立在时间效力之上的。在新开辟的市场中很快会有跟进者,从而又会出现红海的情况,所以企业必须保持领先,不断地超越自己，不断发现新的蓝海，保持赢利水平。企业怎样才能做到一直领先？关键就在于企业必须有核心竞争力，对本企业的产品做到"精"和"专"。

海尔一直是多元化战略的实施者。海尔旗下的产品种类非常多，从冰箱、洗衣机、电脑到手机、小家电，但用户认可的还是他们的主打产品冰箱和洗衣机，因为海尔在这两项产品的技术上一直是领先的，而且海尔对其投入的时间和精力也比较多。

这也就解释了很多从事专业化经营的企业始终屹立不倒的原因，因为他们将所有的优势、资源都集中在一点上。专一并且专业是他们赢得市场竞争的法宝。

IBM是世界IT巨头，其统治中国的野心正在日益增加，但国人高兴地看到，在设备供应领域，华为成为挑战IBM的排头兵。早在2000年，华为集团在全国电子百强中销售额达到220亿元，排名第十位，但是利润却是第一位。华为成功的关键就在于，他们坚持了专业化战略。华为掌舵人任正非说："为了使华为成为世界一流的设备供应商，我们将永不进入信息服务业。"正是坚持"专业化"的策略原则，铸造了华为今天的辉煌。

"专一"才能"专业"，专业才有竞争力。

4.多元化不是魔鬼,但也不是天使

实际上,在多元化还是专业化的问题上,格力电器曾经有过艰难的选择。面对空调行业是否已经"饱和"的问题,格力最后通过调查作出决定:不能轻易实施"战略转移",以避免陷入多元化陷阱之中。

对于企业的专业化问题,格力董事长朱江洪曾做过这样一个比喻:"专业化发展,就像一辆推土机,虽然走得慢,但却非常稳重。"

专业化同多元化之间并没有隔着一道厚重的隔离墙,所以企业在实施专业化的过程中,也会面临多元化的诱惑,很多企业也会禁不住诱惑,在没有经过仔细考察的情况下做出走多元化发展道路的决定,这样的企业会轻而易举地掉进多元化的泥淖里。

其实,就多元化和专业化本身而言,二者并没有好坏之分。他们都有各自的优点和缺点,采用这两种战略的企业也都有成功和失败的案例。所以对企业而言,这两种战略没有对错之分,只有适不适合的区别,而且企业在采取其中任何一种形式的时候,都必须要从企业自身状况出发,而且贵在坚持。

近年来,中国家电行业实施多元化经营的企业不胜枚举,但结果都无果而终。从新飞、乐华、小鸭等公司进行多元化扩张的结果看,都不理想。新飞宣布投资5亿元建设年产100万台空调的生产基地,至今"只闻其声,不见其人"。乐华宣布全面进军冰箱、洗衣机、小家电后,新产品上市日期也是一推再推。而且,原先在多元化道路上起步较早的公司,比如说,TCL、厦华等企业也开始纷纷减负,准备回归到专业化经营的道路上。

还有一些家电企业开始跳出家电行业,涉足房地产,代表是国美、海尔、长虹等行业巨头。有人说格力地产业也要浮出水面了,就在人们纷纷猜测格力是否还要将"主业化"经营大旗一扛到底的时候,董明珠站了出来,向外界澄清:"格力地产并不是格力电器下属公司,而是格力集团一个大股东的公司。我可以明确地说,格力电器会一直坚持走专业化道路,即使空调利润再薄,格力也会坚持下去。"

格力为什么如此坚持?难道多元化不好吗?准确地说,多元化和专业化一样都是有利有弊的,格力之所以坚持专业化,就在于格力还没有进行多元化经营的条件。事实上,不仅是格力,中国目前大多数企业都不适合走多元化发展道路,他们还不具备走多元化道路的各种条件。

董明珠曾说过:"从专业化战略向多元化战略过渡是有条件的,因为企业发展战略的多元化既有'陷阱'的一面,又有险境的一面。多元化可以东方不亮西方亮,可以规避风险,可以资源共享,可这些只是强调了多元化的'仙境',而忽视和否定了多元化的'险境'。事实上,多元化很容易使企业领导的精力分散,资源分散。很多企业在立足未稳的情况下,促使转型扩大经营面,看似分散了经营的风险,但由此付出的代价反而更大,增加了企业的经营风险。因此,在实施多元化的发展战略时,企业应该格外慎重。"

多元化不是魔鬼,但它也不是天使。多元化在降低企业风险的同时也存在很多陷阱。那些试图进行多元化发展的企业的失败教训告诉我们,多元化并不是百分之百安全的,它也是一着险棋,走不好对企业也会有致命的危险。企业在决定是不是要走多元化道路时，应该多一份冷静和理性的思索。

同时，这也说明了走多元化道路要求企业必须做得足够大，有雄厚的资金、人力资源来应付多个领域的竞争。看看那些实施多元化成功的企业，哪个不是具备核心竞争力的，哪个不是可以将核心竞争力应用到其他领域的。相反，那些不具备走多元化道路条件的企业，都纷纷掉进了多元化的陷阱。

澳柯玛曾经号称青岛的"五朵金花"之一，是我国冷柜行业的霸主。但澳柯玛在确立了冷柜行业的霸主地位后，开始向其他行业进军，曾经涉足MP3、电动车、电池、海洋生物、自动售货机等行业。据2005澳柯玛的年终报表显示，澳柯玛在2000年12月29日上市时，总共募集资金7.8亿元，但募集资金中的很大一部分都投向了与G澳柯玛原主业不相关的项目。其中，"合资生产锂离子电池项目"拟投入1.7亿元，实际投入2.48亿元，亏损712.18万元；"引进国外先进技术设备生产自动售货机项目"拟投入6128万元，实际投入6128万元，亏损124.31万元；"高度不饱和脂肪酸及共轭亚油酸项目"拟投入3000万元，实际投入3000万元，亏损121.74万元；"MP3数码随身听项目"拟投入3000万元，实际投入150万元后停止实施。

虽然澳柯玛当初决定走多元化道路的目的是期望尽快摆脱家电企业技术趋同、产品趋同、市场趋同和战略趋同的状态，但是事与愿违，多元化不但没有让澳柯玛找到新的盈利增长点，而且还忽视了在自己优势方面的投入，失去了核心竞争力，最后导致其陷入了多元化沼泽，危机四伏，总裁下课。对于澳柯玛的失败，业界几乎达成了共识："澳柯玛兵败多元化"。

在全球化浪潮的冲击下，很多中国企业已经站在了十字路口。但中国企业在面临中国经济腾飞这个良好的机遇时，必须慎重对待多元化问题。我们必须清楚，企业一定要顾及自己的核心竞争力，一旦进入过剩时代，企业只有创造能比别人提供更多价值的东西，才能生存，这就要求企业必须比别人强。要实现这一点，企业就必须很专业。

5.做空调业老大

在众多国内企业中，格力绝对是有个性的企业，虽然不能说格力是独善其身，木秀于林，但是可以说，由于他们的坚持和执著，格力反倒是拥有了更多的从容。为此很多同行都在感叹："他们那么有钱，团队那么优秀，但他们是中国唯一一家专业做空调的企业。"

格力为什么顶住了诱惑？因为"做空调业老大"的目标一直支持着格力在专业化道路上艰难地前进。

在任何场合，董明珠都毫不掩饰自己要把格力做成"中国空调行业第一个世界名牌"的热切希望。毋庸置疑，董明珠的模范带头作用，也为整个格力注入了一股活力。每一个格力人无不希望通过自身努力和专注让格力时刻走在行业的前列，始终都是行业的老大。

争做老大不容易，当稳老大更不容易，这都要求格力必须心无旁骛，始终如一地做好空调，坚持走专业道路。既然格力已经决定坚持走"只做空调，做好空调"的专业化道路，那么格力的具体表现在哪几个方面呢？

第一，从整体上增加空调产品的高科技含量。目前，格力空调以200多个品种的产品队列站稳空调领域的中高端市场。之所以能形成这样一个格局，关键在于格力坚持专业化发展战略，形成了坚强的技术支撑。格力每年都在空调技术研发创新上投入最大的精力和财力，使得格力空调的技术始终在同行业中遥遥领先。近年来，格力推出和实施的高新技术就有六项，包括：智能化人体感应技术、一氧化碳自动感应报警技术、智能换新风技术、数字直流变频技术、多折式蒸发器技术和数字化湿度控制技术。

第二，把质量隐患消灭在销售前。一台格力空调大概需要从国内外供应商手中采购1500多种元器件。为了保证质量，格力用最笨，但也最有效的方法，就是挨个"过筛子"，对供应商提供的零配件进行检验和筛选。由于格力认真的态度，使得格力产品的返修率控制在万分之一以内，这在行业内是一个非常高的标准。

第三，满足区域市场对产品的特殊技术要求。空调在不同地区销售的时候，必须面对由于地理条件和自然条件所造成的对空调需求上的差异。不同地区的用户也会对空调产品提出许多新要求。格力空调把满足这些用户的要求作为专业化的重要内容，认真地加以解决，从而真正使产品实现了个性化。格力电器2000年度投放市场的"蜂鸟""蜂蜜"两款热泵型制热分体空调，根据使用热泵型空调制热的用户冬季打开空调取暖，室内温度升到15℃～16℃便不会再上升这一世界性的技术难题，彻底改变了空调制热依赖电加热的局面。不仅满足了用户的需求，也降低了成本。格力还针对中东地区昼夜温差大，白天高达60多摄氏度，晚上又降到零下几度的气温状况，设计了"沙漠空调"。该产品一经投入市场，当即受到了热烈欢迎。

第四，品牌专一化。从格力创建至今，"好空调，格力造"的广告语一直没有变。不要小看了这简简单单的六个字，它已经深深地埋进了中国用户的心中。正是因为专业化，人们才会提到空调，就想起格力，而不是其他产品。格力对这种品牌专业化战略非常重视，曾经有格力集团下属小电器公司为了增加市场份额，在媒体上借用了兄弟公司的形象为自己做宣传，没想到当即就被勒令禁止了，原因就是格力要采用品牌专一化战略，让人们牢记格力只代表空调。

很多年过去了，格力始终在专业化道路上坚持着。他们遇到过困难，遇到过诱惑，但他们坚强地挺过来了，是"只想专业做空调"的决心和"做中国空调业老大"的野心一直支持着他们，支持他们走得更远，做得更好。

一个企业没有做行业霸主的决心，就没有追求卓越产品品质的动力，也就不会将专业化经营的道路走到底。

提起索尼品牌，可谓无人不知，无人不晓，但问起索尼是哪个行业的老大，谁也不好回答。人们对索尼的核心产品根本没有认识，也不清楚他们最具竞争优势的产品是什么。其实，这就是索尼走多元化道路以来导致品牌竞争力下降的结果。

很多企业因为走专业化经营，而强化了品牌影响力。比如说，人们提起"松下"，第一品牌联想就是电视机；提起摩托罗拉，第一品牌联想就是手机；提起"奔驰"，第一品牌联想就是汽车；提起"格力"，第一品牌联想就是空调。而导致这些企业打造出某一领域第一品牌的根本原因，就是它们都有称霸行业的目标。是这个目标让它们始终致力于将自己的主打产品做得更好。

6.多元化的诱惑,专业化的固守

对于多元化和专业化之间的关系,董明珠有不同于别人的看法。

在董明珠看来,不管是多元化还是专业化,关键在于企业是否具备人才、管理和技术,以及企业进行多元化的目的。假如格力抱着赚钱的投机心理进行多元化发展,那么格力也可能会失败。格力之所以走专一化道路,是因为他们觉得这里面还有很多可以研究的东西,虽然是民用产品,但里面同样有科技含量。格力选择专业化,是因为市场还有需求,而不是仅仅为了赚钱。

董明珠承认,她一直不太赞成企业多元化。世界经济一体化的本质是全球范围内的深度分工,深度分工就要求企业深度专业化。每个企业为全世界做一点点,集中精力做好一种产品,才能做到世界前几名,才有资格参与国际分工。

做企业一定要想清楚一个问题:多少为大?董明珠认为,大和小,应该让"规模经济"来说话。达到了规模经济,大不大无所谓,没必要无限膨胀,过度膨胀反而会因为管理成本过度而不经济。当然,若规模太小而达不到规模经济,就应该适当做大。关于做专还是做多,就应该让"范围经济"来说话。因为专业化而丧失必要的范围经济,就是太专,就应该适当做多,离开范围经济一味地做多,这种多元化就没有优势。

格力以后会不会选择多元化道路?这是很多人的疑问。

董明珠说:"格力不会轻易地'战略转移',我们不会像那些'超生者'，养了过多的儿女，结果精力分散、资金分散，并没有养出真正精壮的儿女。每个行业和企业都存在着竞争，多元化可能存在的风险比我专业化还要大，因为我在这个行业中做好了，我就能够竞争过别人。我不会有那种懒惰的思想，说这个专业没走好，就换个专业来竞争，你以为换了专业就一定能竞争赢别人吗？所以，不是鸡蛋放在一个篮子里有风险，而是风险随时都存在，问题是有没有抗衡和预防风险的能力。因此，格力只做空调，从家用空调到中央空调，'断了后路'会促使格力始终保持压力，必须不断向前，不断进步……"

专业化和多元化之间并没有隔着一道万里长城，所以在实施专业化的过程中，时时面对着多元化的诱惑，很容易走向多元化。特别是实施专业化经营的企业，一旦企业获得了发展，就会面对新的市场机会和利润诱惑，很容易逐渐背离它所选择的专业化战略，轻易地陷入多元化的误区。这主要有三种情况：

(1)专业化下的多元化

有很多人对专业化的理解，从战略上是清晰的，但在战术上却是混乱的，以致在具体实践时往往又陷入了多元化的泥坑。这种说起来清楚，做起来糊涂的问题是非常致命的。

尽管很多创业企业已经认识到，搞大而全的多元化经营是困难的，但到了实践中，就又回到了多元化的思维里。伸着巴掌到处乱抓，总以为会"东方不亮西方亮"，结果却是"东方没亮，西方也黑"，这样的教训是很多的。

(2)专业化中的分散化

在实施专业化战略中，另一个十分容易出现的问题是：专业化后形成经营大目标的专业，但市场或产品细分以后往往造成抓不住重点的情况。多数企业会形成一种专业后的力量分散和资源分散。这种在专业化经营中抓不住重点的情况，其实是偏离了专业化战略。

专业化战略是重点战略,战略思想和战术设计都应该抓住重点。

有重点才能有分量;有分量才能有特色;有特色才能有人气,才能有商机。这一点在国内市场开拓中显示出来,在国际市场开拓中同样显示出来。

(3)专业化中的无序化

专业化不等于无序化。很多企业由于实行专业化经营战略,不仅表现出力量上的分散,工作重心的分散,更凸显出工作节奏的散乱。这种情况,往往是由于在战略的整体策划中缺少战术的具体策划造成的。

事实上,战略的整体策划是通过战术的具体策划落实和实现的,忽视了战术的具体策划,也就架空了战略的整体策划。在许多企业中,设计了过多的动感画面或"叫唤机器"就是一种突出的表现。满心想利用这些东西去吸引用户,却华而不实,没有达到预想的目的。这种本末倒置的情况是应该加以克服的。

7.维护品牌的忠诚度

格力这个品牌的含金量有多高?格力电器又是如何重视它的品牌?我们从一件事就可以看出。

2003年10月28日,《粤港信息日报》(现更名为《民营经济报》)刊登了《格力进军厨具市场》一文,并被广泛转载,一时间格力电器被误传将进军厨具市场,格力的专业化道路也受到了人们的质疑与猜测。

　　接着，2003年11月4日，格力电器在全国二十多家媒体发布声明称格力电器只生产空调，在有关媒体报道中，某公司借用"格力电器"及"格力空调"这一属于格力电器的商号和产品来宣传自己及产品，严重误导了广大投资者和用户，是一种侵权行为。

　　而格力电器声明中所指的公司，正是与其同属格力集团的子公司珠海格力小家电有限公司（以下简称"格力小家电"）。

　　对此，格力小家电也不示弱。2003年11月5日，格力小家电向媒体及各地经销商发了一份落款为格力集团的《"格力"商标授权使用说明》，该说明署名为格力集团公司。说明指出，格力电器以及格力小家电均为集团授权经营的家电产品专业子公司，授权合法使用"格力"字号和商标。

　　2003年11月11日，格力集团在某全国性大报整版刊登了名为《奋进中的珠海格力集团》的宣传文章，文中声称，格力集团授权珠海格力小家电有限公司使用格力商标。这一澄清否定了此前格力电器声明中的说法。

　　一时间，格力集团与格力电器品牌之争达到高潮。人们疑惑，同属格力集团的子公司，格力电器为什么如此霸道，不允许它的"小兄弟"使用"格力"这个品牌呢？

　　首先，我们要清楚，"格力"这个品牌是朱江洪一手创立的。也就是说，"格力"这个品牌不是来自于格力集团，而是来自于格力电器。格力（GREE）创立于1991年5月，之前经历过海利、海乐、GLEE品牌的演变。后来，集团的领导对格力（GREE）很是欣赏，便抓过去充公了。而当时，集团要求每年格力电器支付不得少于3000万元的广告费用。

　　一直以来，格力电器与格力小家电关系疏离，前者常埋怨后者不重视产品质量,打的又是"格力"牌子,影响格力空调声誉,而格力小家电的声誉在业界也并不是很好。《中国经济周刊》查看的数据显示,2002年,格力小家电的电风扇总维修率6.4%,电暖器总维修率6.2%;在2003年,电风扇总维修率6.2%,电暖器总维修率6.0%。据业内人士分析,这样的维修率是比较高的,而且还有很多的维修难以统计。

由此,在格力小家电质量不能完全保障的情况下,很多买了格力小家电的用户纷纷投诉格力电器,从而引发了一系列的纠纷,这也对格力电器的声誉带来了一定的负面影响。

正是为了保护"格力"这个来之不易,而又含金量充足的品牌,格力电器才对"小兄弟"板起了脸孔。

一些外企曾经主动找到格力,希望能为格力做贴牌生产,从赚钱的角度来说,格力自然是求之不得。但是董明珠拒绝了对方,因为她不想砸了格力这个牌子。

在空调的品牌宣传中,格力空调是最获推崇的。也就是说,如果谁在网上发个帖子咨询买什么空调比较好,大家基本上会首推格力。再有就是美的与海尔。显然,格力已经在良好的口碑宣传中获得了广告宣传的效果。同时我们也可以推测,一个可以被人们口口相传的产品,必定是值得信赖的产品。而口碑,实际上也部分解决了人们不得不拿出大量时间辨析各种虚假信息的窘境。

营销的宗旨是通过打动用户从而让企业获得赢利,而对于满意的用户来说,他们如果愿意将自己对于企业的产品或者服务的经历告诉别人,并一传十、十传百,这种力量将是巨大的。

让人们口口宣传,重视营造人们的口碑无疑是最好并且最廉价的广告形式,特别是在当下用户生活节奏紧张并缺乏足够的时间来研究、对比各类企业的产品和服务的时候,亲朋好友或者其他人的消费体验对于用户的决策起着至关重要的作用。比如人们买房子，总是要先到目标楼盘的社区上去看先住的或者先买的人的评论，然后再做考虑；买数码产品，很多人首先是去看网上的各种人的使用感受以及权威的评测结果；要去吃一顿美食，总是会向周围的人打听哪里的餐厅最有特色……

当用户要购买某类产品的时候，他们的大脑里面立即的反应是像搜索引擎一样，先检索看看自己的亲朋好友或同事有没有类似的消费经历，他们非常乐意倾听这样的经验，并把这种别人说出来的经验作为重要参考依据。如果企业的品牌给用户带来的都是好的印象，那这家企业无疑是最大的赢家，因为它赢得了好的口碑，但是如果企业的品牌遭受着别人的批评，那则是企业的悲哀，更悲哀的是企业可能都不知道什么人在什么场合讲了它的坏话，它甚至都不会相信是因为口碑阻挡了它的一部分用户，遮挡了它的生意。

最伟大的品牌是那些被人们口口相传的品牌，最省钱的宣传也是做到被人们口口相传，虽然任何一个企业都不可能真正地脱离媒体宣传，但如果一家好的企业多了口碑的影响，岂不意味着花同样的钱，却得到了更大的收入！

第五章

自主创新,不做复制品

1.格力的"四个创新"

西方企业界流行一句话:"不创新,即死亡。"是的,在目前这个竞争激烈的新经济时代,一个企业最差劲的表现就是缺乏创新、不思进取。没有自主创新,对一个企业是非常危险的信号。

格力仅用十多年的时间从一个小企业,发展成为拥有珠海、重庆、巴西、合肥4大生产基地,产能超过1500万台的中国空调业的"龙头"企业,靠的全是创新。

格力的创新主要包括四方面的内容,一是人才创新;二是管理创新;三是营销创新;四是技术创新。这四个创新从内到外,从产品到渠道,从流程到人,保证格力在空调市场上的竞争力。

在四个创新中,人才创新是根本,它保证了企业发展的后备力量。随着经济的发展,科技水平的提高,传统的机械化体力劳动所能带来的经济增长，已经远远落后于创新性的脑力劳动所带来的增长。于是，创造力以及产生并执行创意的人才，就成了企业竞争的制胜关键。格力积极储备创新性人才，为的就是在人才竞争中拔得头筹。

管理创新是灵魂，它使格力在企业流程上具备了成本优势。光有精兵，如果不加管理，必然军心涣散，溃为散沙。所以说，企业要在竞争激烈的商场中应对自如，就要根据环境和自身的特殊需求制定行之有效的管理方式，最终使全体员工统一成一个整体，成为企业发展的灵魂。格力有数万名员工，如何让数万名员工都朝着"好空调，格力造"这一个方向前进，这对格力管理是一个巨大挑战。面对挑战，格力管理层制定了"八严方针"：严格的制度，严谨的设计，严肃的工艺，严厉的标准，严密的服务，严明的教育，严正的考核，严重的处罚。"八严方针"强化了每位员工的质量意识，对制造企业如何规范化管理员工和企业起了一个很好的示范作用。

营销创新是生命线，它使格力的销售渠道具备了强大的威力。营销是企业实现赢利的必经之路。好的营销能帮助企业实现正现金流，是企业发展的生命线。随着我国家电连锁卖场的不断壮大，大大小小的制造商不得不低头，为层出不穷的进场费、促销费、店庆费、买位费"慷慨解囊"，于是出现了企业销售额增长的同时利润下降的怪现象。格力不屈服于大连锁卖场，最先跳出这个怪圈。格力为了实现企业更长远的发展，通过整合上下游资源自建了销售渠道，开启了国内家电行业首度自建渠道的先例，继而引发了家电连锁业和制造业的强烈关注。然而脱离大卖场后，格力的销售势头并没有下降，反而再创新高。格力自建渠道的成功，引发了企业对渠道的重新审视。

技术创新是核心，它使格力的产品具备了其他产品无法具备的质量优势。我国制造业一直以为国外企业做"贴牌"加工为主业，始终缺乏技术上的自主创新，故而被称为"世界工厂"。然而"世界工厂"实为一个大泡沫，一旦失去廉价劳动力和原材料的支持，这个泡沫就会迅速破灭。如果想从根本上振兴我国的民族工业，其核心在于技术的自主创新。格力作为全球最大的空调生产企业，在技术创新方面投入巨资，研发出很多尖端技术，打破了日美对空调技术的垄断，让格力成为真正的世界名牌。董明珠在谈到格力的成功时曾说过："格力能有今天的成功，是'工业精神'主导下的全面创新，而技术创新是格力发展的核心动力，也是格力成为全球信赖的空调生产企业的坚实基础。"

总之，格力的发展必须通过全面的创新来塑造自己的核心竞争力和自有品牌。格力只有将人才、管理、营销、技术都纳入创新的范畴，实现全面创新，才能构筑企业发展的原动力，才能走出一条民族自有品牌的阳光大道。

在过去的几年中，创新是企业发展中出现频率最高的词汇，而且越来越多的企业把创新摆在了企业发展的首要位置，可我们还是看不到更多科技含量较高的民族品牌出现，到底是什么原因呢？

人们必须承认，不少企业的"创新"走进了两个误区：一是"简单拿来"；二是"片面创新"。前者将着力点放在对已有的国外技术、管理方法的引进和改良上，导致企业缺乏自己的核心竞争力，一旦买不来新技术，买不来新管理方法，企业就会立刻陷入绝境，失去竞争优势。而后者"片面创新"，就是单纯追求技术方面的创新，而忽视了其他。所以创新的结果只是取得了短期的发展，而企业本身仍然缺乏核心竞争力和原动力。

两种"创新"误区比较起来，后者更为突出。因为随着中国经济的不断发展，很多企业已经认识到自主创新的重要性，也开始花大力气在自主创新方面,不过由于他们对创新的理解很片面,所以只将大部分的精力放在了技术创新上,而忽视了其他方面的创新。实际上,自主创新不仅仅是技术创新,而是全面创新,必须围绕人才、技术、管理、营销、战略等多个方面,缺一不可。

郭为是联想旗下神州数码的总裁,在郭为的领导下,神舟数码成为中国最大的渠道分销商。在出任神州数码总裁前,郭为始终在柳传志身边工作。柳传志的很多理念深深地影响他。联想从正式成立之日起,就秉承"全面创新"的理念,一步步朝前发展。所以郭为担任神州数码总裁后,决心在神舟数码打造全面创新体系。

郭为说:"在企业的成长过程中,我觉得创新是最重要的部分。在这样的一个过程当中,我们认为整个企业的创新大致分为四个方面。最基本的是产品创新。大家非常容易理解,比如昨天讲的一个发明,把音乐播放器产生了非常大的影响,很多企业都是这样发展起来的。还有一个是业务流程的创新。比如招商银行拿出了一卡通,一卡通过去是存折,是储蓄卡。招商银行用一卡通的方式把他内部的流程进行了一次重新的编排,再应用起来比较方便。这是业务流程的创新。你重新构造了一个业务创新的流程。第三个是管理创新,就是内部管理方式,我们叫生产工艺的改造,包括生产制度的改变。爆发出一种新的生产力的方式。我觉得这是第三个方面。第四个方面最重要的就是寻找蓝海的过程,也就是战略的过程。我们举一个小故事:比如我们华裔村是做电子的,过去是一个产品,现在却可以变成品牌业。我如何把我的产品都变成品牌。我要为我合作的企业付费,这形成了一种新的产业模式。在今天我们看还是一个探索的时候,实际上是一个重大的战略。从生产方式、整个经营理念来看,都要创新。"

也许神舟数码的"全面创新"与格力的"全面创新"包含的内容有不一致的地方，但这不是问题的重点。重点在于双方都强调了"全面"。他们都清楚，企业只有坚持全面创新，才能实现全面、协调和可持续发展，才能实现高效运转、才能充满生机和活力、才能跟上时代的步伐。总之，全面创新对于我们当前实现企业全面、协调和科学发展具有一定的指导意义。

2.格力要做的绝不是"复制品"

格力董事长朱江洪在2005年年底的一次中层干部大会上这样说："一个没有创新的企业，是一个没有灵魂的企业；一个没有精品的企业，是一个丑陋的企业。"

的确，总想模仿别人的人，永远也成不了大师，也永远成不了第一。今天的格力能够成为国内空调行业第一，因为他们走的是自主创新道路。当初，格力刚刚成立的时候，跟在春兰、东宝等国内空调大鳄的屁股后面。那时，格力不是第一，因为它在学习别人。当格力通过自主创新，走出一条不同于其他企业的道路时，格力就成了行业霸主。

中国的制造业一度被称为"世界加工工厂"，虽然这种贴牌生产，为外国企业加工产品曾经给中国的经济带来活力，但面对越来越激烈的市场竞争，以及劳动力成本的不断上升，中国企业一步步陷入缺乏核心技术的尴尬境地。其实，无论是中国企业还是外国企业，任何一家企业如果缺乏核心技术，都将在发展过程中遇到难以克服的困境。而避免这种境地出现的唯一方法就是加强企业自主创新力量，打造自己的核心技术。

2001年年底，朱江洪带领公司技术团队到日本考察。当一行人看到一家日本企业先进的设备和技术时，都忍不住羡慕起来。最后，朱江洪终于开口提出，只要日方愿意提供变频多联空调技术，格力愿意在合作方式、市场资源分配等方面满足日方的任何要求。格力的目的无非就是想得到变频多联空调技术，但结果是，尽管日本企业口头表示"以后再说"，实际连一个散件都没卖给格力。

同样的情形，出现在了5年后，不过这回双方的角色发生了互换。先后有3家日本企业来到格力考察，并恳请并购合作。可与5年前不同，这次坚持"拒绝"态度的是朱江洪。自从朱江洪在日本被无情地拒绝后，他开始反省，最后得出结论：企业必须有自己的核心技术，想用钱买别人的核心技术是根本不可能的。核心技术是一个企业生存的支柱，试问谁会把自己的支柱卖掉呢？

近百年的空调发展史，一直都是由美、日两国垄断着大部分核心技术，格力如果想在空调方面做出点名堂，先进的技术不能靠别人施舍，只能靠自主创新。

从日本考察回国后，朱江洪立即组织技术攻关小组，开始了向变频多联技术的艰苦攻关。仅仅一年之后，格力就研制出中国第一台具有自主知识产权的变频一拖多空调机组。而几年前，中国多联式中央空调还是日本品牌"一统天下"的局面。此后华东、华北和华南等重点市场已经"三分天下"，格力就是其中之一。

在海外市场，日、美空调企业也感到了来自中国的威胁。就在格力超低温多联中央空调问世的2个月前，也就是2005年8月，中国家电行业首台自主知识产品的大型中央空调——离心式冷水机组在格力也正式下线，打破了此前美国"四大家族"垄断的离心机技术。同时，格力还从美国企业手中，先后夺下了安徽黄山徽州大酒店、珠海华润万佳商场、山东曲阜国贸中心等近百单大工程。可以说，格力震惊了整个世界空调界。

格力为什么发生了翻天覆地的变化？根源就是他们通过自主创新，研发出了自己的核心技术。为了不断提高自主技术创新能力，格力每年投入技术研发的资金超过销售收入的3%，成为中国空调业界技术投入费用最高的企业。截至目前，格力电器共有包括国外专家在内的研发人员一千多人，学历多为研究生以上。格力还营造尊重知识和人才的科研环境，设立了科技进步奖，重奖科技功臣，单项奖奖金最高达到100万元。与此同时，为了紧跟世界空调业的尖端技术，格力还建成了全球规模最大的专业空调研发中心，拥有热平衡、噪声、可靠性等220多个专业实验室，无论技术水平、数量，还是规模都处于世界领先地位。此外，格力还建立了规模庞大的制冷技术研究院，目前已申请国内外专利技术1000多项，空调品种规格之多、种类之齐居全球首位。

诚如格力董事长朱江洪说："一个没有脊梁的人永远挺不起腰，一个没有核心技术的企业永远没有脊梁。格力要做的绝不是复制品，而是'格力创造'的世界名牌。"

很多企业每天都在大张旗鼓地宣传，一定要向那些好的企业学习。可是，究竟应该向谁学习呢？有的人说应该向外国那些优秀的企业学习，也有人主张向中国企业学习。两个学习的对象，哪个学起来更容易呢？不用说，因为不同的社会背景和文化背景，跨国企业的成功经验，必须得进行改造后才能使用，因此不是很简单。而同为中国企业，有着相同的社会背景和文化背景，学习起来更容易。可是即便这样，中国企业还是不愿意向中国企业学习，原因有以下几个方面：

第一，中国企业都得益于"一招鲜"，其辉煌也都是昙花一现，很难进一步发展。

第二，中国企业的成功多归属于"领导者"的英明领导，在经营模式和管理模式上乏善可陈。

第三，中国企业普遍存在懒惰心理。不愿意花时间打造自己的核心技术和经营模式，喜欢"拿来主义"。

第四，中国的企业多用商人的思维，而不是企业家的思维来做企业。

综合以上四点，中国企业多喜欢用现成的，而非创新，最后导致走别人的老路，失去核心竞争力。其实，除了中国企业，那些外国知名的企业，如果失去了创新能力，同样也会陷入困境。

以日本的三洋为例。三洋的核心产品是其零部件的生产能力，一些整机的生产则是通过合资公司完成的。可以这样说，三洋在零部件的生产上面拥有技术优势。也正因此，当年那些缺乏研发能力的企业，如索尼、东芝、三星等不得不向三洋买机芯。可现在的状况是什么样的呢？这些企业在自主研发的道路上越走越远，甚至把产业链向前延伸到了零部件的研发制造上，他们用自己研发的产品代替三洋的产品，并且也同三洋一样，对外提供自己新研发出来的产品。就这一样，三洋失去了原来的大用户，而且这些大用户还摇身一变成了自己的对手。

三洋的经历证明了自主创新的力量。一家公司，当它具备核心技术时，它就有自己的一席之地。反之，失去了核心技术，就失去了竞争优势。

归根结底,提高企业的自主创新能力,打造核心技术才是企业努力的方向。凡是重视自主创新的企业,经济都获得了长足的发展;相反,经济缺乏活力的企业,关键是缺乏自主创新能力。

3.创新必须做好知识产权保护

董明珠提出,企业的竞争实质是技术专利的竞争。如果企业在产品专利保护上做得不到位,是根本无法放心大胆征战商海的。

今天,格力的快速发展与公司领导对自主知识产权的保护意识是分不开的。

1996年,经广东省知识产权局批准,格力电器被确定为广东省第一批专利试点企业。为了认真贯彻落实国家、省市关于深入开展知识产权工作的指示精神,充分发挥知识产权制度对发展格力电器的激励和保障作用,提高企业的自主创新和市场竞争能力,格力把开展知识产权、部署专利战略工作纳入公司的重点工作之中。为此,格力还指定了有关部门、领导、人员具体负责积极开展企业专利工作。

格力多年来一直坚持自主创新,推行精品战略,知识产品工作成绩显著。截至2007年,格力申请的专利总数近1000项,其中发明专利100多项,对我国家电企业知识产品保护起到了带动、引领和示范作用。

为了做好知识产权保护工作,格力做了以下几方面的努力:

首先,加强专利相关知识的宣传培训,组织落实专利管理机构,建立健全企业专利管理制度。这方面内容还可以分解成下述三方面:

一是根据总体方案,格力制定了切实可行的目标。

二是初步落实了组织管理体系和管理制度。明确分管的领导、部门和有关人员,制定相关的专利管理办法,详细规定有关专利管理组织机构、职责分工、产权归属、专利申请程序、专利实施、专利许可贸易和对外合作中的专利管理、专利检索、专利培训、专利奖励等方面内容。

三是宣传培训工作。格力多次邀请省内有关专家、学者前来讲课,以加强学习、提高认识。同时,公司还专门派人去省知识产权局进行专业学习、培训,提高专业化水平。当然,为了更好地宣传知识产权保护的重要性,格力还向各部门派发有关宣传、学习资料等,还邀请市知识产权局为公司举办企业专利培训班。

四是专利信息化建设及利用。早在1999年,格力就请广东省专利信息中心协助建立企业中外专利数据库,该系统共收集了29类55万多条与格力密切相关的中、美、日、欧专利信息。该系统建成后,工程技术人员在进行项目立项、项目开发过程都能够方便快捷地进行查询和跟踪检索,检索专利的速度大大加快了。

与此同时,格力还配备了专门的情报检索人员,在项目设计人员进行相关检索之后、立项之前,公司的情报检索人员还必须到互联网上进行更加广泛的搜索,做到多层次的把关,尽可能地减少技术开发、采购环节不必要的知识产权纠纷,试图最大限度地降低新产品的开发风险系数。而且情报检索人员还利用网上专利文献资源、科学技术信息等,不定期地做一些行业技术发展状况的分析报告和针对公司的技术薄弱环节做一些专题报告,并将此类报告发送到各研发单位,以便为研发单位提供一些帮助。

最后,运用法律武器进行专利保护。在格力发展的历史上,专利保护工作始终贯穿于产品开发和维权的全过程,专利申请的数量每年也都在稳步上升。同时,格力的维权活动也进行得有声有色。尤其是最近几年,很多相关企业侵犯了格力的专利,给格力带来损害。格力公司领导果断地、毫不犹豫地指示相关部门拿起法律的武器维护企业不可侵犯的权利。如乐华空调侵犯格力灯箱柜机外观专利,最后的判决是乐华向格力赔偿人民币50万元,并停止销售、销毁模具、赔礼道歉。

在格力多方面的努力下,格力的知识产品保护体系逐步完善,在为中国企业提供一个可参照样本的同时,还多次获得"全国企事业知识产权示范创建单位"等方面的殊荣。

毋庸置疑,知识产权在日新月异的21世纪将扮演越来越重要的角色,尤其是对那些想走出去的企业。

不过,在知识产权保护方面,中国企业和国外企业的差距还很大。部分中国企业要么没有意识,要么意识不正确。有些企业根本不知道为什么要申请专利,甚至有少数企业以为专利就是在标榜自己。相比之下,外国企业非常清楚,专利战就是追求市场效益。

富士康也非常重视知识产权保护。1995年,富士康的专利申请量仅为270件,专利核准量为160件。而到了2008年,富士康已累计申请专利58000项,获准申请26000项,在全球华人企业中名列第一。13年间,专利申请量增长214倍,获准申请量增长162倍。专利数量的大幅度增长,不但证明了富士康在技术创新领域的成就,也证明了企业对知识产权保护的重视。

今天是知识经济时代，自主知识产权已成为衡量企业核心竞争力的重要指标之一，拥有自主知识产权的企业将会在可持续发展的过程中占据有利的竞争位置。

4."三步走"自主创新模式

从"淡季返利""格力营销模式"到"年终返利"，一系列创新举措的出台，让格力总是显得与众不同，也总是把握住了竞争的主动权。

格力在自主创新方面，非常有自己的特色。我们不难发现，格力坚持以市场为导向，实施"三步走"的"务实赶超"自主创新模式。

格力的"三步走"自主创新模式如下：

第一步是"市场专攻型"。所谓的"市场专攻型"就是集中力量研发市场急需、适销对路的空调产品，并在制冷量大、节能、安静、使用寿命长等方面建立起自身的竞争优势。这方面格力的突出表现是，1999年自主研发了能在60摄氏度以上室外高温下正常运转的"沙漠空调"，完全适合中东市场，一面世就售出1万多台。另外，2007年，格力还相继推出"王者之尊""睡梦宝""睡美人"卧室空调等产品。这些产品不仅在本质上拓宽了中国空调业未来的发展空间，更开启了注重用户个性化的空调消费时代。

格力以国内、国外两个市场需求为导向，每年均推出100多个品种规格、具有自主知识产权的新产品，不但满足了用户的需求，而且占领了市场。

第二步是"国内补缺型"。所谓的"国内补缺型"就是在关键领域逐步打破国外垄断，实现自主开发。在中央空调领域，"变频一拖多"、离心式冷水机组等核心技术长期由美日少数企业垄断。格力凭借技术实力，不到两年便自主研发出日本企业花了16年才研发出来并垄断的"变频一拖多"技术。此后，格力又相继自主研发出变频多联中央空调、变容多联中央空调等系列产品，形成了较为完备的中央空调产品群。

第三步是"国际赶超型"。所谓的"国际赶超型"就是在一些关键领域研发出世界领先的成果，引领世界潮流。在空调的智能化霜方面，格力通过自主创新，走在了世界的最前列。目前，大多数空调品牌仍采用第一代化霜模式，化霜不完全，造成制热能力严重不足。虽然说，已经有少数企业开始采用第二代化霜模式，但仍存在化霜不完全、化霜时间偏差较大等现象。格力投入大量资金和人力，成功研制出应用全新化霜模式的冷暖空调。这种空调可以根据室内外温度变化等综合情况判断是否化霜，实现智能化化霜除霜。这种全新的化霜技术，在国内外空调行业均处于领先地位。

通过独具特色的"三步走"务实赶超创新模式，多年来格力硕果累累。2007年，格力电器"热回收数码多联空调机组""基于正弦波驱动的变频空调控制"和"应用EVI超低温制热和智能化霜技术的全新滑动门柜机研制"三项技术通过了广东省科技厅组织的技术成果鉴定会，被权威专家评审团一致鉴定为达到国际同类产品先进水平。

2006年，在人民大会堂举办的中国企业国际竞争力第三届年会上，格力成为唯一入选"2006年自主创新竞争力十大品牌"的家电企业，而董明珠本人也是家电行业内唯一入选"2006年自主创新竞争力十大人物"的企业家。

董明珠说："企业自主创新责任重大。一方面，在技术研发和自主创新方面，要踏踏实实，多干实事、少说空话、长期作战，要耐得住寂寞；另一方面，不仅要注重现实的消费需求，还要关注用户的潜在需求，主动承担社会责任，用企业力量推动社会发展，让行为对未来负责。"

企业应该如何加强自主创新能力？如果采用传统的创新形式，只能带来企业局部内部效率的提高、成本降低，而且它容易被其他企业在较短时间内模仿。反之，采用模式创新，虽然也表现为企业效率提高、成本降低，由于它更为系统和根本，涉及多个要素的同时变化，因此，它也更难以被竞争者模仿，常给企业带来战略性的竞争优势，而且优势往往可以持续数年。

海尔也是一个提倡自主创新的企业。多年来，海尔实现了很多的创新成果，尤其是模式上的创新更值得其他企业学习。海尔在"流程再造"的基础上，又推出了自己独创性的管理模式——"人单合一"。"人单合一"的模式不属于产品技术的革新，而完全是管理模式的创新，也就是从生产关系的层面来获得与全球竞争对手的竞争战略差异。所谓的"人"，指的是每一位"创新的SBU（策略事业单位）"；所谓的"单"，就是"有竞争力的3A市场目标"。"人单合一"模式包括："人单合一"——人要与市场合一，成为创造市场的SBU；"直销直发"——直接营销到位、直接发运到位，是实现"人单合一"的基础，只有在直销到位的前提下才能直发到位；"正现金流"——正现金流是企业生存的空气，没有正现金流，企业就会窒息死亡。

海尔创建"人单合一"的管理模式，目的不是在形式上用条码把人和订单挂钩，而是要求每个员工都要系统性地思考。与此同时，该模式属于全流程的模式，贯穿于企业经营的"创造订单""获取订单"和"执行订单"的全流程。"人单合一"管理模式的创立，最终解决了海尔的库存问题,还实现了海尔的正现金流。

　　无论是格力提出的自主创新模式,还是海尔提出的管理创新模式,关键都落在了"模式"和"创新"两组词汇上。"创新"已经成为我国经济发展的主旋律之一,而"模式"创新又是创新的一种更高一级的形态,是改变产业竞争格局的重要力量。企业只有试图在模式上进行不断地创新,才能放慢竞争对手的追赶速度,实现自己的竞争优势,它理应成为企业乃至政府推动创新的着力点。

5.技术创新,强势切入高端市场

　　近年来,随着空调技术水平的提高,格力越来越受一些国际大用户的欢迎。据统计,格力出口产品的三分之二是卖给了对品质要求严格的开利、GE(美国通用电气公司)、松下等大型公司,而且在高端空调领域,格力也颇有建树。

　　格力的经验表明,技术创新不单是企业生存的基础,更是企业拓展高端领域市场的前提。企业没有技术创新,就没有资本领跑行业。

　　在价值功能细分的时代,差异化产品开发成为可能。空调属于高科技产品,它不仅要实现制冷和制热,还要满足在特定气候环境下稳定运行和给用户带来不同体验的功能。虽然空调不像电脑、手机等产品需要满足用户的时尚体验,但也必须紧跟市场细分需求,不断进行技术创新。

在空调领域，直流变频技术是真正的节能技术，也是目前世界上公认的最先进的节能技术，它比普通空调节能30%以上。如果说哪家企业掌握了直流变频技术，就等于拿到了高端空调市场"奥运会"的入场券。如果企业要是掌握了正弦波直流变频技术，就等于挺进了"奥运会"的决赛，原因是与普通直流变频技术相比，正弦波直流变频技术具有效率更高、运行更平稳、噪音更低等诸多优点。

中国很多空调生产企业都希望率先开发出真正的直流变频空调来占据中国空调的高端市场，但格力的野心更大，他们将技术创新的着眼点盯在了正弦波直流变频技术上，决心用最先进的技术攻克摆在中国空调企业面前的难关。为此，格力不断投入巨额资金，想尽快有所成绩。结果，功夫不负苦心人，没多久格力就成功研制出了具有自主知识产权的正弦波直流变频空调"睡美人"。这款空调不但填补了国内空白，还在广东省科技厅组织的科技成果鉴定会上，被评定为"国际先进"水平。

"国际先进"四个字很简单，但它代表了格力的技术水平和格力追求的目标。

继"睡梦宝"之后，格力电器又一款卧室空调高端新品——直流变频"睡美人"在全球同步上市。作为卧室空调和直流变频双重领域的高端代表，"睡美人"集环保、节能、静音、舒适等诸多优点于一身，意在为全球用户打造优质健康的睡眠生活。很多业界人士都表示，随着格力电器在直流变频领域取得的重大技术突破和"睡美人"的问世，预示着直流变频高端市场的"中国创造时代"即将来临。

据了解，格力"睡美人"采用了国际主流新型环保冷媒R410A，与当前普通空调普遍采用的R22冷媒相比，R410A对臭氧层的破坏率几乎为零，制冷、制热效率更高，是当前国际制冷界公认的最佳冷媒。而且"睡美人"的另一个优势是，在房间温度达到用户设定值后，空调压缩机便以低功耗和低转速运转，让室内温度始终控制在设定值的±0.5℃之间。室温变化小了，人体自然感觉更舒适。同时，配合格力独创的静音技术，让室内噪音低至21分贝，再一次刷新了家用空调室内机的最低静音记录。

由于"睡美人"在很多方面都具备了世界最先进的空调水平，因此"睡美人"上市当天，便受到很多高端消费群体的青睐，尤其是在对节能环保要求甚高的欧美市场，这款空调更是具备了超强的吸引力。

在格力看来，高端市场意味着更强的品牌效应，更诱人的利润收益。企业只有通过技术创新掌握高端技术，占领高端市场，才能用得到的收益投入到技术研发中，让企业进入一个健康发展的循环之中，始终较竞争对手掌握更多的优势。据悉，近些年来格力每年的科研投入经费近10亿元，且以每年超过30%的速度激增，是业内科研投入比重最高的企业。

格力凭借创新科技在高端市场的强势切入，已经实现了产品线向高、中、低端的全面渗透。

根据用户的消费能力，将其分为两个层次：高端消费群体和低端消费群体。如果产品主要针对高端消费群体，那就是面对高端市场；如果产品主要是针对低端消费人群，那就是面对低端市场。通常来说，高端市场和低端市场之间最明显和最主要的区别在于品牌、技术和价格三个方面。

与低端市场相比，高端市场产品的技术含量普遍较高。高端市场的用户对品牌的关注程度也远远高于低端市场的用户，这两点成为高端市场的进入壁垒。很多企业由于长年在低端市场拼杀，虽然获得了很高的市场份额，但是由于品牌很弱，一直无法有效进入高端市场。而且由于低端市场用户对价格高度敏感，使价格成为低端市场的"撒手锏"，价格战屡屡在各类产品的低端市场上演。

我国现阶段市场的状况是，低端市场产品过剩，高端市场产品短缺。在技术含量高的低端市场，很多企业蜂拥而入，产能急速放大，超过市场需求，导致价格战，企业赢利下降。在技术含量高的高端市场，国内企业由于没有突破技术壁垒，无法参与竞争；或者只有个别企业掌握了有关技术，导致高端市场完全或大部分被国外厂商占领。比如说，近年来我国的彩电行业，低端产品严重过剩，很多企业都是低利润运行，但是在背投彩电、液晶彩电、等离子彩电这些高端市场，只有长虹能够占一席之地。空调行业也是如此，越来越多的企业可以生产低技术含量的产品，导致价格战三天两头地上演。最后，生产厂家和用户都没有获利。前者根本没有利润可言，后者只能接受技术老旧、功能单一的产品。

如何改变现状？我国家电行业一些代表企业认识到必须依靠技术创新来占领高端市场，这样才能让企业最终走出国门，同外国同行业的知名品牌进行竞争。在这一理念的指导下，格力、海尔、美的等家电企业纷纷加大技术创新力度，推出了很多高技术含量的产品，抢占高端市场。对此，中国家电协会理事长姜风这样说："要想实现'十二五'的发展目标，家电产业必须实现三个转变：要实现企业转型升级，从单纯追求数量、规模向追求质量、效益转变；要制定合理增长速度，从追求高速度向追求创新发展转变；将科技进步和创新作为企业加快转型的重要支撑，从价格竞争向价值竞争、技术竞争转变。而高端市场正成为家电厂商试水图变的主战场。"

的确，虽然在各个行业的低端市场，我国企业已经基本打败了国外企业，但在大多数行业的高端市场，我们没有优势，甚至处于劣势。要想解决这个问题，只有依靠品牌积累和技术创新。如今，格力、联想、华为等企业已经开始把加强创新作为企业的核心战略内容。他们深知，只有走技术创新这条道路，才能使企业不仅实现低端市场的规模销售,还能获得高端市场的高利润。

当一家企业仅仅是为了赚钱的时候,它不会去创新,因为创新,特别是技术创新,需要投入大量的研发资金。当一家企业不仅仅是为了赚钱,而有着更高的目标,更高的追求,比如格力要把企业打造成百年企业,要让格力空调成为中国名牌、世界名牌,成为中国人的骄傲时,它就会投入大量资金去进行技术创新。

6.管理创新是灵魂

下面,我们分析一下格力在管理创新方面的特色。

(1)缩减销售人员的提成比例

由于空调行业竞争激烈,加上市场不规范,这就导致一些空调行业的领导人产生了错误的观念,认为一个企业的成功取决于某一些人,而不是整体的努力。有的企业更是把拓展市场理解为只要有营销人才就能生存,因而不惜代价、不择手段地进行"挖墙脚"行动,不断从其他企业、特别是对手那儿挖营销人才。这就使一些营销人员产生错觉,以为自己担负着企业的命运,于是自抬身价,目空一切。

在大家叫嚣着渠道为王的时候,朱江洪却开始了对销售人员提成比例的改革。朱江洪早就觉察到格力的销售员提成比例过高,这严重影响到了其他人员的工作积极性。他认为企业的成功,是各部门密切配合、整体努力的结果。一个质量不过关的产品,一个售后服务不到位的产品，无论你销售人员能力多高，也不会有很大的市场。

源于这种想法，朱江洪决定缩减销售员的提成比例，到1994年将其下降到0.28%～0.38%。没想到，这个决定像一颗炸弹，立即引来了销售人员的反抗。也难怪，在那个"渠道为王"观念盛行的年代，还有人敢拿销售人员开刀，真算得上逆风而行了。

(2)整顿经营部

当上经营部长第一天，董明珠就看不惯经营部上班时一人一杯茶一张报纸，成天聊天闲谈的风气。她一周开一次会，半天时间用来讲纪律，针对具体人进行评议，有人被她训得直掉眼泪。经营部女性多，董明珠就在她们的服装、头发、走路态势上都作了明确的要求。她要求大家最好都剪短发，留长发的上班要盘起来，更不允许戴一堆叮叮当当的首饰来公司。喜欢打扮的，尽可以在下班后打扮。

(3)张手要财权

任经营部长不久，董明珠就做出了一个超越常理的决定：她跑去找朱江洪总经理要财权。这是一个非常大胆的举动，首先格力是一家国营企业，人事的决定要通过高层领导集体表决，董明珠这个行为显得太过张狂；其次，虽然中国人爱权力是众所周知的，但中国人搞权力都是背后进行，决不会像董明珠这样明目张胆地要权。

董明珠有她的想法。这么明目张胆地要权，她也犹豫过。但她要权是为了整个公司营销的良性循环，不是为自己，也不是为经营部一个部门的利益。

销售虽然只是公司全部工作的一个环节，但公司是个有机体，牵一发而动全身。她既然担任经营部部长，开始整顿经营部，其他部门的问题自然而然也就被暴露了出来。她也是被逼无奈，不得不走此一招。

要财权是因为经营部和财务部关系密切。经营部要求经销商先付款后发货，但用户究竟在公司账上有没有钱，有多少钱只有财务部才清楚。一些用户打了货款到格力拿不到货，一些用户没交钱反而拿到了货。有时经营部要发货了，开票员问这人有没有打钱过来，财务那边总是说："我们也不清楚，要查账才知道。"这样，无论经营部如何负责，财务部不配合，也是事倍功半，难以使经营部的工作正常运转下去。长此下去，只怕又要重蹈格力以前的管理状况，职责不清，工作混乱。这是她董明珠绝对难以容忍的。

董明珠正式向朱江洪提出与经销商的财务往来最好交给经营部管，这有利于工作协调。财务部副总心里不高兴，说："你把财务拿去，就没有监督了。"

董明珠当然知道她明目张胆地要权这件事有违常理，所以早就想好了应对策略，她说："大家都可以监督，随时监督。我提两个建议，第一，我只管钱的进、货的出，不管用钱。这样只有好处，没有坏处。第二，财务也可以不归我管，但每日经销商进出款必须要让财务部门随时告知经营部。"

朱江洪经过考虑，也为了平衡大家的情绪，决定采取一个折中的方案，就是划出财务部的一部分归董明珠管，也就是说，董明珠可以得到人、职能和收款这一部分的权力。

人们总是习惯于循规蹈矩，不敢突破，不敢创新。靠"拿来主义"，在市场经济全球化的今天，我们又怎能占得先机，先发制人？

如果将企业比作军队，好的人才就是精锐的士兵，光有精兵而不加管理，则军队必溃为散沙。同理，企业要在波涛诡谲的商场中应对自如，就要根据环境和自身的特殊需求制定行之有效的管理方式，最终使旗下员工统一成一个整体，成为企业发展的灵魂。

然而实现这一承诺，需要的是每一名员工的共同努力。在当今这个讲究个性的时代，让3万名员工都朝着"好空调，格力造"这一方向前进,对格力的企业管理无疑是一个巨大挑战。面对挑战,格力管理层制定了"八严方针":严格的制度,严谨的设计,严肃的工艺,严厉的标准,严密的服务,严明的教育,严正的考核,严重的处罚。

　　研究格力的创新经验,我们必须明确一个问题:创新是一种思维,一种态度,而不仅仅是最后所表现出来的行为。董明珠说:"自主创新就是要坚持以自强、自主、自立为中心,自主创新不仅仅是技术创新,而是全面全新的创新。必须围绕人才培养、技术创新、管理创新、营销创新四方面同时进行,缺一不可。"而且,从董明珠的观点和格力的发展来看,不难发现:要构筑企业发展的原动力,人才创新是根本,管理创新是灵魂,营销创新是生命线,技术创新是核心和基石。

第六章

打造卓越的销售团队

1.主动找机会,后来者居上

　　董明珠眼光独到,善于抓住机会是业界人尽皆知的秘密。有人能在机会出现时牢牢地抓住它, 而董明珠却可以在机会还未出现时,就能感觉到它的到来,并亲自将机会给挖出来。董明珠靠的是一种敏锐的战略判断能力,可以说这也是她的一种超常的经营力。

　　由于董明珠能够主动去找机会,所以格力一次次地扮演了后来者居上的角色,让同行业的其他企业羡慕不已。

　　很多人当了一辈子的推销员,到头来还是推销员,而董明珠半路出家却很快脱颖而出,因为她让自己的思维在一次次销售过程中得到了提升,因此具备了挖掘机会、把握机会、统领全局的卓越经营力。

　　董明珠跟一家做医疗机械的商店签订了供货合同,这家商店的经理是一位男士。格力竞争对手宝花空调的推销员经常同这位男经理吃饭联络感情。董明珠不会喝酒，也从不喝酒，所以她就少了一点优势。但董明珠善于思考，她想，既然自己不能通过吃饭喝酒的方式与对方沟通，何不想想其他的方法。她看到这个商店的营业员女性居多，觉得是个机会，因为都是女人，共同语言自然很多。如果和她们处好关系，无疑对格力品牌的宣传和推广起着非常大的作用。

想到这儿，董明珠开始主动和这些女营业员接触，她不但与这些女营业员一起卖空调，还教她们如何向用户介绍和推销格力空调。付出总有回报，在董明珠的努力下，这一年，格力空调在这家商场的销售量居然超过了宝花，让宝花的业务员大叫"不可思议"。

然而为了开辟这片大的市场，仅仅做这些工作是不够的。董明珠在与那家经销医疗器械的商场经理沟通时，该经理也向她抱怨当时空调生意不好做，而最难的地方就是用户用电要交增容费，又要控办审批，非常麻烦。董明珠了解这位经理说的都是事实，当时中国的很多地方电力供应不足，总是停电，而空调属于用电比较大的电器产品，审批起来当然难多了。

到底应该怎样解决这个问题呢？董明珠的脑海里浮现出一个想法：既然空调与供电办有这么大的关系，要是直接让供电局的控办经销空调产品，不就少了很多的阻碍了吗？董明珠想好了就做。她独自一人闯进了供电局营业厅的控办经理办公室。起初她还有顾虑，对方是政府部门，是不是官僚作风严重，不好接触呢？可一见面，她的顾虑就消除了，对方是一个非常和气的人，很容易沟通。

董明珠开诚布公地说明了来意。她先从空调市场谈起，再根据供电局情况，分析了他们能卖掉多少台，可以赚多少钱。然后又介绍了格力空调的一些特点，他们怎么样可以轻松地将格力空调卖出去。由于董明珠一时兴奋，竟然没有给对方留下任何插话的机会。最后，当她一口气说完后，不得不向对方表达歉意。

控办经理不但没有对喧宾夺主的董明珠产生反感，反而认为她是一个内行，并且对董明珠的提议非常感兴趣，答应会好好考虑一下。虽然订单没有一下子签下来，但总算有了希望。此后，董明珠有空就跑到供电局，与经理谈论空调市场的运作情况。如果经理忙，她还到处走走，留心观察，看看其他空调品牌是如何运作的。最后，董明珠的努力深深地打动了供电局的控办经理。他将董明珠介绍给了供电局局长，局长当即决定与格力合作。随后，一笔50万元的货款汇到了珠海的格力总部，董明珠一下子成了格力的名人。

纵观董明珠的职业生涯，无论是她在当销售员的时候，还是她成为格力的女总裁，她总是积极地去寻找机会，挖掘机会，继而把握机会。董明珠的经营理念影响了整个格力电器，让格力成为中国空调行业中最会把握机会的企业。

企业管理者能否寻找到有利于企业发展的机会，并把握住机会是其经营能力的重要体现。

以地产大亨潘石屹为例，谁能够从别人的一句话中挖掘到8亿元的商机，而且是隔着桌子的几个不认识、不相干人的一句话？很多人都不能，但潘石屹就可以。就是他的这种善于把握机会的能力，让他成为了成功者。

一次偶然的机会，潘石屹来到了怀柔县，并且在政府食堂吃了一顿饭。不经意间，他听到旁边吃饭的人在谈论北京市给了怀柔4个定向募集资金的股份制公司指标，可竟然没有人愿意做。潘石屹在深圳待过很多年，他知道指标就是钱，于是他不动声色地同怀柔县体改办主任边吃边聊，并向他透露了自己想参与其中的想法。

县体改办的主任对潘石屹想加入的热情很支持，但他不得不告诉潘石屹，如果想赶上这次机会，必须在下星期前，准备好六份材料，否则就来不及了。潘石屹怕赶不上时间，于是又找人与北京市体改委的负责人联系，宽限了几天。

做定向募集资金的股份制公司，按要求是要找到"中"字头的发起单位。通过很多关系，潘石屹找到了中国工程学会联合会和中国煤炭科学研究院作为发起单位。一切准备就绪，潘石屹用刚刚买的4万元一部的手机，打电话给冯仑（现任万通地产董事长）："你准备做多大啊？"冯仑说："这个我需要仔细商量一下。"经过商量，冯仑等人一直认为，在当时的市场状况下，想真的干成一点事，怎么也要过亿元。再加上潘石屹总是打电话催促他做决定，于是冯仑告诉潘石屹"8是个吉利的数字，就注册8个亿吧。"就这样，8个亿的现金融资轻易到手了。这就是机会的威力。

有些企业的经营者总是感叹没有机会，导致企业经营不善，但现实情况是，每天我们身边都会有无数的机会，但是想捕捉到对自己发展有帮助的机会，并非靠运气和努力就可以实现的。把握机会需要能力，企业经营者要比其他人拥有更长远的目光，更睿智的头脑，更勤奋的精神。如果企业经营者可以不断提升自己的这些素质，就可以提升自己的综合经营能力，让企业把握住那些可以改变命运的机会，再攀新的高峰。

2.勤奋是推销员的灵魂

　　一个勤奋的人不一定能成为一名优秀的销售员,但一位优秀的销售员一定是一个勤奋的人。董明珠在她的自传《旗行天下》一书中曾说过这样一句话:"其实,我认为自己没有什么神奇的地方,也没有什么深奥的地方,一切的一切,都是两个字:勤奋。勤奋是我成功的第一步,只有勤奋,才能使我迈进成功的大门。"

　　1994年春节后,低温阴雨天气一直持续,很多的大品牌实在顶不住了,纷纷开始降价。这时,朱江洪专门打电话征求董明珠的意见,而董明珠的第一反应就是绝对不能降。随后,董明珠带病跑遍了南京的大小商场。最后她发现,即便同行都降了价,产品依然卖不动。于是,董明珠就顶住公司上层和竞争对手的压力,坚决不降价,将宝押在天气变化上。结果,董明珠赌赢了。6月中旬起,天气开始暴热,南京市场的空调不几天就脱销了。此时,董明珠意识到重庆、武汉等地也会很快热起来,于是马上要求公司把仓库的货发到长江一线的城市。她的想法是,如果等到缺货时再发,市场可能就会丢掉。结果董明珠的决定又是正确的,格力空调及时抢占了各地的市场。

　　后来,董明珠因为出色的表现成为格力总裁,但她没有放松对自己的要求,依旧每天忙碌着。每年她要花一半以上时间走访市场和面见各地经销商,而不是迷信麦肯锡等知名咨询公司的建议。董明珠认为,走市场可以保持对市场的直觉,这种直觉能让她在复杂的市场决策中做到游刃有余。出差之余,董明珠的时间都是在办公室中度过的,她会对数以百计的文件仔细批阅,签署具体意见,把握企业的整体脉搏。董明珠一直强调，企业对社会和用户肩负着责任，并要身体力行地去为社会的和谐和进步出力。

日本"推销之神"原一平说过："推销没有秘诀，唯有走路比别人多，跑步比别人快，也就是说，推销员灵魂只有两个字'勤奋'。就是腿勤快。"企业经营者都渴望有一支能打硬仗的营销团队，而培养这样一支团队的关键就是要培养他们勤奋的工作作风。

毋庸置疑，销售工作是一份苦差事。每一个成功的销售人员都可以给你讲出一系列的成功或者失败的故事，而不管成功与失败，每一个故事的背后都有一份辛勤，甚至是辛酸。夜幕降临，当很多人在家里享受一天工作之后的闲暇时，写字楼里通明的灯火之下仍然辛苦工作的往往是那些销售人员。不过，正是他们的辛勤工作，才让很多好的产品和服务走进千家万户，才让企业可以通过销售产品赚取利润，从而做到继续再生产。既然"勤奋"对一名销售员如此重要，企业管理者应该如何培养这种工作作风呢？

第一，要培养销售人员嘴勤，勤问勤说。勤问就能尽可能多地搜集信息，掌握项目进展情况，得到别人的意见和建议。勤说就是要随时随地在适当的场合宣传自己的公司和公司生产的产品。

第二，要培养销售人员腿勤，勤跑市场。成交不是"坐"出来的，是跑出来的。销售员要勤于访问自己的用户和合作伙伴。销售人员要和用户建立感情、交朋友，这些都不是不勤跑就能做到的。

第三，要培养销售人员耳勤目勤，勤听勤看。今天的市场竞争在很大程度上是信息的竞争，在一个项目上，谁掌握的信息完全准确，谁的赢面就大。所以销售人员，随时掌握市场动向、用户动向、对手动向、产品动向就要求他们耳勤目勤。

第四，要培养销售人员手勤，勤读勤记。随时更新自己公司产品的市场知识，随时记录整理自己的信息，并且向有关人员提供信息，这是销售人员必须做到的。

第五，要培养销售人员脑勤，勤思勤省。销售人员必须勤于思考自己的计划和策略。善于分析、总结、改善、提高，善于创造，善于动用自己所有的知识和思维对已经发生、正在发生的和将要发生的事做认真的分析，分析不清是不能轻易下结论的。

总之，想做优秀的销售员，必须做好吃苦的准备，这也是一位销售人员所必备的素质。在营销界有这样一句话："一个整天与用户泡在一起的销售庸才的业绩一定高于终日待在办公室的销售天才。"这句话讲得很好，它证明在某种程度上，勤是可以补拙的。

3.重视销售人员的素质

谁都知道，销售是一个可以让人迅速致富的行业，原因是营销对企业的影响很大，所以销售员的待遇很高。不过，很多企业过高地估计了自己营销队伍的能力，反而给企业带来了隐患。

20世纪90年代初的时候，中国市场经济方兴未艾，很多企业开始意识到销售的重要性，空调企业也不例外。当时，很多空调企业为了提高销量，高薪聘用营销人员，而且过于依赖他们，导致经常会出现企业营销人员"集体跳槽"的事件，这给企业带来不少不利影响。格力也不例外，实行提成制度，销售人员的收入一度非常高。不过，高薪并不能让这些销售人员忠诚于自己的企业，反而由于他们的身价被抬得过高，导致他们容易与企业产生对立，企业对他们的控制越来越难。

空调市场历来都是竞争激烈的，而且因为市场不是很规范，导致很多企业产生了错误的观念：将拓展市场片面理解成只要有营销人员企业就会生存。在20世纪90年代初的时候，这种错误的想法几乎影响了全部的空调企业。于是，那时候的企业纷纷不惜一切代价、不择手段地进行"挖墙脚"活动。

对于当时的销售人员，即便企业已经支付给他们相当高的薪酬，他们仍不满足。他们自以为是主宰企业命运的救星，从而骄傲自大。只要企业稍稍不满足他们的利益，他们就会毅然决然地跳槽离开。

朱江洪不是一个目光短浅的人，他早就觉察出销售人员提成比例过高，是滋生他们骄傲气焰的根源，而且销售人员的高工资，还会影响其他部门员工的积极性。朱江洪不希望格力的营销队伍都是一些只朝着高工资看齐，没有事业心的人，于是他决定缩减销售人员的提成，将原来的提成比率由2%下降到0.38%。谁知朱江洪此举一出，犹如引爆了重磅炸弹，立刻在格力内部引起轰动。紧接着，格力电器发生了著名的"集体辞职"事件。格力主管销售的副总和营销人员集体跳槽到竞争对手那里。

当时的经过是这样的，1994年11月，格力空调1995年度订货会在珠海宾馆召开，来自全国的数百名经销商会集一处。可就在第二天，在广东中山市的一家私营空调厂订货会上，以格力电器原负责分管销售的副总经理为首，包括8名业务员、2名财会人员在内的11名人员集体亮相，并将前一天参加格力电器订货会的340名经销商中的300名带到了竞争对手那里。一时间，格力电器内部人心惶惶，陷入混乱之中。

看到自己培养的销售人员，在公司付给他们高薪的同时，还做出了如此行为,格力的领导层认为有必要进行反省。他们意识到,如果对这样的营销团队不做出整改的话,企业是无法前进的,所以格力必须有所变化,剔除那些不合格的销售人员,留下对企业忠诚的、业务能力好的销售人员。

从前朱江洪将工作的重心放在了产品质量和技术开发上,因而忽略了经营部的人事和管理工作。此事一出,他意识到做好干部队伍的建设以及保持稳定性也是工作的重点。于是,他决定用民主选举的方式,从下面选拔合适的人才。而就在这次选拔中,当时江苏区域的业务员董明珠脱颖而出,从一名最基层的业务员,一跃成为掌管全国市场的经营部长。

董明珠回忆这段经历时说:"我觉得格力给我今天的机会,并不仅仅是因为我是搞营销出身,如果没有对企业的忠诚和责任感,没有很好的敬业精神和管理才能,我就不会带领格力的营销团队走到今天。当年格力十几个销售人员跳槽,我做经营部长也是临危受命,营销队伍真正的成功还在于营销管理,而不是单纯某个销售人员的能力。"

很多企业都有这样的误解,产品卖得好,都是销售人员的功劳,但实际情况是:企业取得的好成绩,是各部门密切配合、整体努力的结果,包括为开发新产品而废寝忘食的科技人员。一个坏产品,无论销售人员怎样推销也永远不会有市场。因此,企业不能只把功劳算在销售人员身上,这样会滋长他们自以为是的气焰,不利于企业的进步。

企业的经营者必须有这种意识,只要是精品,走到哪里都会有人要,不用请吃请喝到处推销。销售策略很重要,但如果产品质量不行、款式不行、技术不行,要取得销售成功也是不可能的。销售人员固然重要，但他们只是促成企业成功的一部分，而非全部。企业要是过于依赖他们，最后只能是搬起石头砸自己的脚。

不过企业也不能没有销售人员。企业应该对销售人员有一定的要求，要致力于留住那些忠于企业，对销售事业满怀热情的优秀销售人员。只有这样的销售人员才能和企业共同进退，帮助企业更进一步成长。那么优秀的销售人员除了忠诚和热情外，还需要具备哪些素质呢？

第一，有工作积极性，很想在销售方面获得成功。

第二，具备极强的自我调节能力，有走出困难和失败的能力。

第三，拥有专业的销售技能。比如说：沟通技能、分析能力、组织技能、管理时间技能。

第四，掌握大量的专业知识。比如说：产品知识、用户知识、竞争知识、本公司知识。

第五，具备专业推销员必备的五种能力：一是说服能力，营销的关键是说服，只有打动用户的心，才能使用户愿意打开钱包；二是消除用户异议的能力，推销员是从被拒绝开始的，只有战胜用户的拒绝，才能为推销成功铺平道路；三是诱导用户成交的能力，优秀的推销员能让犹豫不决的用户下定决心购买，失败的推销员则是让犹豫不决的用户下定决心不买；四是重复交易的能力，老用户是最好的用户，让首次购买产品的人成为自己忠实的用户；五是开拓新用户的能力，现在手中用户数量多少不能说明问题，以后可以增加多少才是关键。

企业如果有具备上述素质的销售人员，一定要想办法留住，他们才是帮助企业取得满意销售业绩的主力军。不过，留的方法不是简简单单地给高薪，而是要给他们更大的发展空间，给他们树立奋斗的目标，给他们成功的希望。

4.变"人海战术"为"人才战术"

格力的营销团队每年都能实现上百亿的销售,难道他们的营销人员数量很多吗?

格力的销售额很高是事实,不过格力用的不是"人海战术"。相反,他们在销售队伍建设上使用了"精简化"原则。多数时间里,格力只用为数不多的业务人员去做市场,这同那些营销队伍动辄上千人甚至数万人的竞争对手相比有很大的不同。对此,董明珠曾这样介绍道:"这一理念的具体操作就是让格力仅有的23名业务员,每人负责一个省,只负责协调,不负责发展网络。"

20世纪90年代初期,中国家电企业在营销方面都是主打"人海战术"的。而且由于当时各个企业没有出台管理营销队伍的规定,导致业务员的素质良莠不齐,营销工作出现了很多问题。比如说:运用人海战术搞销售,业务人员的个人素质和行为对企业存在经营风险,而且这种风险有时比依赖经销商的风险还要大得多;运用人海战术搞销售,多数业务人员穿梭于厂家和商家之间,往往使厂、商关系变得更加复杂,从而使销售管理难度增加;运用人海战术搞销售,销售人员的费用很高,像格力这样的企业,如果配备1000名销售员,即使按平均每人每年10万元的费用计算,也需要1亿元左右。总而言之,人海战术并不是企业打赢销售战的唯一武器。

格力管理层考虑到,如果继续采用人海战术,企业不但没有发展,反而会被拖垮。于是他们决定精简营销队伍。董明珠说:"我不是用人海战术,而是用策略占领市场,利用有限的资源,发展更大的网络,利用当地的资源和网络的优势拓展市场,剥夺了过去人海战术时代的业务员可以用物质作为交换条件来制约经销商或从中为自己谋利益的权力,而省下来的上千名业务人员的费用,可达近亿元。"

"格力又把省下来的这笔钱投入到产品科研开发中。这样,我们始终只以23名业务人员这一精干队伍与同行竞争对手上千名业务队伍较量,在市场的大海里畅游。由于人少精干、管理严谨、训练有素,所以能够以少胜多,占领高份额的市场。同时,原先的营销人员对货物的流向和商家的选择往往具有决定性权力,从而导致市场失控和营销政策的不稳定性。格力实行人员'精简化'原则把这一最大的致命弱点给克服掉了。原先因难以防范营销业务员的个人感情因素,所以也导致厂家与商家之间的矛盾激化。而目前格力的营销模式是把商家当作厂家的延伸,二者之间已达成利益联盟。"

实际上到了2001年,格力的业务员又从23人下降到了15人,因为他们在1998年推行了"大户模式"和"一个区域多家大户并存"模式。这样一来,需要业务员做的工作就更少了,而且部分区域销售公司运作得已经十分成熟,它们完全有能力代替厂家在当地处理一切事务,因此业务人员就显得有些多余了。

总之,多年来格力始终都在用数量比较少的营销人员做全国性的市场。可人少不代表缺乏战斗力,董明珠当时带领由23名销售人员组成的团队,迎战竞争对手公司近千人的营销队伍,在这样实力悬殊的市场争夺战中,格力空调获得了全国销量第一的业绩,同时没有一分钱的应收账款,不可谓不是一个销售奇迹。

中国有句俗话,叫"人多力量大"。在销售上,人们也信奉着它。有的企业甚至认为,人海战术是销售的基础,不会"人海战术"的公司一定做不大。可事实上,人不在多,只要销售策略科学,即便很少的人也能创造出优秀的销售业绩。

现如今,很多企业的市场人员每年都在不断地扩编,办事处或分公司遍布全国各地,市场销售人员多则上万人,少则上千人。有时候,总部开会,一些级别低的员工干了几年都没能亲眼见过公司的一把手,更不知道董事长是什么样子。即便如此,这些企业的销售业绩也并不突出,这说明"人海战术"也不是万能的。同时,"人海战术"本身还存在着很多的弊端。

首先,人数过多,导致管理起来成本过高,有时候还会出现混乱的局面。比如,有些缺乏职业道德的业务员会携款潜逃,或者出现账务不清、贪污腐败、弄虚作假现象,对企业的损害很大。

其次,因为现代科技发达,总部主要依靠网络、传真和电话对分公司或办事处进行沟通和下达指令。有时候,指令会出现偏差,这时具体到市场人员那里时,往往理解起来千差万别,指令的执行情况也会出现偏差。

再次,由于人员众多,很多级别较低的市场人员待遇非常低,导致人员流动性大、人浮于事、效率低下的情况经常出现,而且混日子的人增多,团队的凝聚力和向心力下降,执行力也在下降。

最后,人员众多,超过市场增长规模,形成企业人均产出低。看似人多势众,销量不错,企业也有一定的利润,但人均算起来,企业不但没有赢利,反而可能赔钱。

上述情况,都是"人海战术"可能带来的弊端。所以说,企业不要片面强调人多就是优势。人多如果运用得不合理也会是令企业很头疼的一件事。

那么如何解决"人多"这个问题呢?裁员瘦身,调整营销战略都是上佳选择。至于具体采用哪种方法,企业要根据实际状况决定。总之,无论用哪种方式,目的都是一样的,企业要变"人海战术"为"人才战术",提高工作效率,增加企业利润。

5.用"简单"来经营格力

自从2005年以来，整个中国空调行业都面临着原材料涨价，以及对外出口受欧盟环保指标制约的压力，这就导致空调行业首次出现负增长。同时，国美、苏宁等超级家电渠道对上游制造企业的挤压也让许多家电企业不堪重负。就是在如此恶劣的外在环境下，格力该年度的销售收入和利润均保持了30%以上的增长率，最终一举完成了产销量1000万台的目标，拿下了空调产销量的世界第一。

在空调这个单一的市场上，格力为什么连续多年都能保持很好的业绩增长？这与他们坚持走专业化道路有关，也与他们多年来始终如一地奉行"简单"的经营原则有关。

无论是在海外市场，还是在国内市场，无论是在经营管理上，还是在销售上，格力始终奉行"简单"二字，这也是他们能够很好地实施专业化经营战略的有力保障。

目标的简单化。格力从建立之初，直至今日要实现的目标只有两个，一是"好空调，格力造"；二是"打造百年企业，创立国际品牌"。原广东省委书记张德江曾在2004年考察过格力，他就用了四个字来形容格力——"单打冠军"，字不多但形象地表达了对格力的看法。

产品简单化。格力专做空调，从小到大，从弱到强，靠的就是一种产品——空调。格力的董事长朱江洪，总裁董明珠一致认为"术业有专攻"，所以当很多空调企业纷纷上马彩色电视机、洗衣机、微波炉、手机项目的时候，格力就坚守空调阵地，专注于专业化道路。也正因如此，格力成为中国空调行业的第一品牌，也成为世界上不多的有较强竞争力的专业空调制造商。

管理简单化。格力主张管理机构扁平化，所以格力的管理层相对其他企业要少很多。机构扁平化的好处在于沟通起来便利，管理时效性强。所有的格力员工都可以通过电子信箱与总经理对话，总经理也可以轻而易举地获取基层员工的建议。

宣传简单化。格力也做广告宣传，但格力从不蓄意炒作。在格力的营销推广策略中，最频繁出现在用户眼前的还是那6个字：好空调，格力造。

营销简单化。格力的销售员人数非常少，原因是格力主张厂商专业分工，弱化业务员的作用。格力选择与当地强势的经销商合作，双方以合资形式共同出资成立区域销售公司，在当地低成本建立库房，追求稳扎稳打拓展销售市场。在不断减低渠道成本的过程中，格力实现了与经销商共同进退。

服务简单化。由于格力空调在质量上的高标准和高要求，所以他们实行6年免费保修，并对所有配件实行编码，所有电子控制部件实现通用。这种做法让格力产品的用户、生产者和维修者，三方面都不用耗费过多的时间和精力花在售后维修上，让很多程序都变得异常简单。

得益于经营上崇尚"简单"的原则，让格力在专业化经营的道路上走得一路通畅。

很多管理大师都认同这样一个观点：管理贵在简单，管理也赢在简单。用"简单"管理企业，用"简单"经营企业，这是领导者的一种境界，也是企业能否专注本行业，做好本行业的关键所在。

走多元化道路的企业，因为涉及领域较多，自然在管理上要面对的情况也复杂得多，想简单都难。而走专业化道路的企业，普遍奉行"简单"经营，原因是他们的业务专一，想不简单都不行。反过来，

"简单"经营也能促使这些企业将专业化经营进行到底。

很多人都熟悉股神巴菲特,也知道他持有可口可乐公司的股票已经很多年了。而巴菲特之所以如此信赖可口可乐的原因,就在于在他看来,可口可乐是一家连傻瓜也能经营得很好的企业。当然这也表明,没有谁能改变可口可乐未来的一切。也就是说,这家公司经营简单,未来的发展脉络简单,能够在投资者的掌控范围之内。

可口可乐公司是世界上最知名的饮料公司之一,也是实施专业化经营战略最成功的企业代表。和格力一样,可口可乐也崇尚简单,并且简单也是它取得成功的重要原因。可口可乐只生产饮料,品牌虽然繁多,但生产流程却非常简单。在全球最著名的5种碳酸饮料中,就有4个品牌是可口可乐公司的,即可口可乐、雪碧、芬达、健怡可口可乐。只要买入原料后制成浓缩液体,卖给灌装商,掺入其他成分,就可以最终批发给零售商了。除此以外,可口可乐公司的管理体系、销售体系也都异常简单。这让巴菲特对可口可乐的股票非常放心。他说:"如果你买了可口可乐这样的股票,放在那里10年不去管它,仍然是值得放心的。因为它的业务简单易懂,政策始终如一,公司领导层不会变换,长期投资业绩令人满意。如果说一定会有什么变化的话,那就是它的业务一定会继续扩大。"

什么是简单?简单意味着什么?简单就是专一,简单就意味着有效。管理界有很多管理理念、管理方式,其实作为企业的管理者只需要将管理做得越简单越好,这才是管理的最高境界。可口可乐如何成为世界上最成功的饮料生产企业,原因就在于他们几十年来只做饮料这一个行业,并且奉行"简单"经营的原则。二者相结合,企业的优势就会越来越突出,想不称霸行业都难。

6.磨炼销售人员的意志

销售工作是一份要求从业者必须具备良好心态的职业,因为这份工作经常要面对抉择,如果遇到难缠的用户,更是很难办。如果销售人员没有良好的心态,不但不能取得好的销售成就,有时候甚至连坚持下去都很难。所以说,企业要想将自己的销售人员培养成销售精英,必须磨炼他们的意志,塑造他们坚持不懈的性格。

有人说董明珠是天生的销售员,多数人也认同这种观点,因为董明珠身上具备了优秀销售员的很多品格。董明珠为人倔强,只要她认准的事情,她都会坚持到底。同时,她认为作为一名销售员没有一种"坚持不懈"的精神是很难取得成功的。

董明珠经常对她的团队成员说:"我能做到的你们也要做到。"开始时,大家都觉得这位女上级很霸道,但后来他们理解了,董明珠这样做,就是在磨炼他们"坚持不懈、争当第一"的精神。从事销售工作,每时每刻都要面对挫折,如果没有一点倔强的品格,没有一点锲而不舍的精神,怎么会取得成功?

董明珠刚刚进入格力的时候,就通过"要债"成功,一举奠定了自己在格力的地位。其实,这个问题是前任业务员留下的,根本不关她的事。可董明珠认为,既然已经开始了,她就不准备放弃。为了追回货款,董明珠整整坚守了四十多天。在这四十多天里,对方要么不在办公室,要么答应第二天退货,到了第二天却又找不到人。所有的无赖招数都使出来了,目的只有一个——不还钱,也不退货。

有一天,这个人答应让董明珠把库房里的格力存货拉回去,当时天快黑了，双方便约定第二天到库房拉货。可是第二天，董明珠租了辆车赶到这家公司的时候，却发现大门紧锁，后来她一问才知道国庆节放假三天。国庆节虽然是国家例行节日，可对于商家来说，节假日正是做生意的好时间，怎么可能放假呢？明显没有诚意让她拉货。当时，董明珠站在这家公司门口，感到非常无助。她想："我到底在做什么？我为什么要这么做下去？我这么做值得吗？如果我能够把那些存货拉回公司，别人也许还能知道我是为公司作出了贡献，如果我失败了呢？又有谁能知道我这些天所受的委屈？这笔烂债本来就不是我的责任，我花几十天时间盯在这里要债，没法分身去推销产品，又有谁来为我分担在时间和金钱上所受的损失呢？"

不过，冷静下来后，她又决心把债追回来。她认为，如果这件小事都不能成功，自己在这行也不会有多大成就。于是，国庆节过后，董明珠继续天天去找对方老总。双方就像猫和老鼠一样，一个找，一个藏。可躲得了初一，躲不了十五，终于有一天，董明珠把他堵住了。董明珠立刻先发制人，将对方不诚信的行为痛斥一番。她坚决的表情吓到了对方，没办法，对方终于同意退货，让董明珠第二天来取货。

等待的时间是难挨的，而且还有上一次被骗的阴影，董明珠一夜没合眼。次日，她雇了一辆五吨的东风车，直接开到了那家公司的门口。这一次对方没耍花招，她顺利进入仓库。这家公司有两个大仓库，里面又有很多的隔间，董明珠一个一个仔细查找格力产品，并亲自带领工人搬运。她想能搬一台是一台，不管是不是格力的，必须得抵上那42万元的欠款。最后，直到她觉得差不多了才停手。货回到珠海后，扣掉价值42万元的货品后，还剩了一些。董明珠没有占为己有，而是通知对方拉回去，并且告诉对方："这是对你们不诚信的惩罚。"

通过这漂亮的一仗，董明珠引起了格力高层的关注，大家都觉得这个女人很不简单，尤其是她那种"坚持不懈"的精神尤为可贵。后来，董明珠走上管理岗位，她的这种精神依旧保持着。事实证明，正是因为她的这种坚持，不但促成了她个人的事业成功，也促成了一个全新格力的出现。

公司想提高销售团队的战斗力，绝对不是只教他们方法和技巧这么简单，培养他们"坚持不懈"的精神，磨炼他们"不轻易放弃"的毅力，才是实现营销团队业务能力提高的关键。

原一平被誉为"销售之神"，是日本寿险业最成功的销售员。有人好奇原一平为什么能卖出那么多保险，原一平说："我和别人不一样，我遇到困难，从不放弃，我的做法是坚持。"在现实世界里，很多用户确实很难沟通，即便销售人员向其发出友善和尊重的信号，他还是不愿意与推销员进一步接触。这时候，推销员为了能接近用户，达成自己的目标，必须有"坚持不懈"的精神。

一天，原一平几次拜访一位公司的经理未果，原因是他的秘书不愿意让原一平去打扰他们的经理。可原一平深知，如果这位经理投保，就意味着他获得了一个大用户。"怎么办呢？硬闯肯定是不行的，干脆我就守株待兔地等吧！"原一平默默地想着。就这样，他在这个公司的门口等了10个小时。功夫不负苦心人，原一平终于等到那位经理出来了。他的这种锲而不舍的精神深受这位经理的欣赏，经理不但接受了他的拜访，还投了保，成为了他的用户。试想，如果原一平知难而退，不知道他还能不能够取得今天的成就。

没有企业不喜欢有毅力的销售员。为了挑选出更多这样的人充实自己的营销团队，很多企业费尽心思。一家著名企业招聘推销员时，公司人事经理只粗略地看了一下应聘人员的自荐材料，便推说

"电梯坏了",带着十几个应聘者从1楼走上32楼的办公室。结果,大多数人不是待在1楼等电梯修好,就是走了一半放弃了。最后,望着坚持下来的几位应聘者,人事经理宣布:你们被聘用了,而其他人则全部被淘汰。

销售这一行,入门容易,成功很难。从业者如果没有一点毅力,根本谈不上会取得多大的成就。所以企业如果想让自己的营销团队更富战斗力,不单单要培训他们各式各样的销售技巧,更重要的是磨炼他们的意志,让他们具备一种"坚持不懈"的精神。

7.实施"六西格玛管理"

2001年,格力为了继续大力提升公司的质量管理水平,正式开始启动世界最先进的质量管理方法——六西格玛管理,目的是促使格力的空调品质向世界一流水平迈进。

六西格玛作为一种先进的质量控制、流程控制方法。它利用统计学的原理和方法,强调用数据说话。格力希望通过推行六西格玛管理,把格力空调的缺陷控制在理想的品质状态下,换句话说,格力空调如果达到六西格玛法水平,产品缺陷率就只有百万分之3.4,这是所有制造企业梦寐以求的目标。

虽然格力的目标是实现产品"零缺陷",但现阶段,格力还远远没有达到这个目标,这也就是公司高层领导重视推行六西格玛管理的主要原因。

六西格玛管理法主张用数据说话,用数据分析存在的问题,而所谓的"数据"又是从用户那里获取的,它能有效地帮助企业分析用户有什么样的需求,用户的反应如何。格力多年来一直秉承为用户做最好空调的目标,所以格力认为六西格玛管理很适合自己,能够帮助自己从质的意义上提升产品的品质。

为了提高品质,格力建立了近似"严酷"的质量控制体系,"DMAIC模式""用户CTQ""量化思想""过程论方法"等六西格玛理念和方法得到了广泛的应用。比如说,格力筛选分厂运用测量系统分析(MSA)保证检测仪器的精确性和准确性,技术部门运用实验设计(DOE)保证参数的最佳和实验的可靠,质控人员运用控制图(SPC)监控过程的波动性,管理部门运用失效模式与效应分析(FMEA)进行失效的分析和预防等。在六西格玛管理的保驾护航下,格力空调的品质不但有了保障,更有了大幅度的提升。

开始时,很多格力员工还不能接受如此先进的质量管理方法,但随着时间发展,这些现代先进管理理念日益被员工接受。而且自从把六西格玛管理引进格力以来,几乎所有的干部员工都接受了培训,形成一支思维活跃、思想先进、管理科学的员工队伍,为推行六西格玛管理法注入了强劲的动力。当然,有了员工的大力支持,六西格玛管理在企业内部的推行也更为顺利了。

格力的董事长朱江洪对企业推行六西格玛管理也给予了很高的期望,他说:"六西格玛管理法作为一种新的管理思想,一种创新的工具,对企业品质的提高是很有用的,我们必须认认真真地推行下去,把产品的质量提高,而不是作为企业的一种门面、一种招牌。公司全体干部员工一定要认认真真去抓,踏踏实实去做。公司从6年前就开始推行六西格玛管理法,已经取得了一些成绩,产生了一些效益,但离公司的目标还有很长一段距离,我们不要沾沾自喜,企业管理水平的提高,特别是质量管理的提高是永无止境的。"

采用六西格玛管理，不仅反映出格力在规模上向世界企业靠近，也反映出格力在管理水平和思想意识上已逐步向一个世界级企业的水平迈进。

熟悉六西格玛的人都知道，六西格玛这个概念虽然是摩托罗拉公司提出的，但将其打造成一种成熟、科学的方法的是美国的通用公司。

通用公司曾经连续多年被誉为全美最受推崇、最受尊敬的公司，长期为世人所关注。多年来通用生产的产品也一直是优质耐用的代名词，这都是通用推行六西格玛管理的结果。在推行六西格玛管理前，通用一直被质量问题所困扰。当时通用的掌舵人韦尔奇知道，产品质量低下就意味着企业会失去竞争力，失去市场。他意识到，一旦因为质量问题而丧失用户的信任，再想建立起来就非常困难了。想要在激烈的竞争中战胜对手，就必须把质量提上来。

1996年年初，韦尔奇在通用电气公司500名高级经理人聚集的年会上正式宣布启动公司的质量行动。韦尔奇说："通用不能再等下去了，所有管理人员必须要把质量问题放在首要位置上。"在会议上，韦尔奇着手制定了六西格玛方案实施的时间表，预言通用电气公司会在2000年成为一个完全达到六西格玛质量等级的公司。届时，所有通用电气的产品、服务和每一笔交易都将做到近乎完美。

通用实施六西格玛管理的具体步骤如下：

第一步，选择一个六西格玛项目。

第二步，定义需要改进的影响质量的因素，也就是指一件产品或一个经营过程中那些关系用户满意度的环境。如果缺乏对用户需求的清晰了解，是无法成功实施六西格玛管理的。即使是内部的辅助部门，如人力资源部，也必须清楚了解其内部用户——企业员工的需求状况。

第三步，按照六西格玛的业务流程四步循环改进法，即DMAIC的四个阶段，启动六西格玛方案。而这四个阶段分别是：定义阶段，主要是明确问题、目标和流程；评估阶段，主要是分析问题的焦点是什么，借助关键数据缩小问题的范围，找到导致问题产生的关键原因，明确问题的核心所在；分析阶段，通过采用逻辑分析法、观察法、访谈法等方法，对已评估出来的导致问题产生的原因进行进一步分析，确认它们之间是否存在因果关系；改进阶段，拟订几个可供选择的改进方案，通过讨论并多方面征求意见，从中挑选出最理想的改进方案付诸实施。

经过上述步骤，六西格玛管理在通用公司顺利开始实行，很快也见到了成效。以通用塑料厂为例，他们生产的产品质量水平从3.8西格玛提高到了5.8西格玛，因而赢得了索尼的生意。

六西格玛管理的实施，不但提高了通用的产品质量，而且还降低了成本，提高了生产力。曾经有问题、需要调整的工艺流程也在应用了六西格玛管理后，迎刃而解，从此通用有了质的飞跃。

现如今，六西格玛管理已经成为打造高品质创新产品的必要战略和标志之一。它不但可以提高企业的管理能力、增加用户价值、节约企业运营成本、改进企业服务水平，还能够帮助企业形成积极向上的企业文化。总之，六西格玛是一种全球通用的质量语言。企业如果运用六西格玛管理，将自己的产品打造成六西格玛水平，不但不用愁企业的生存问题，还会让企业步入世界先进企业行业。

第七章

管理不"狠"，企业不稳

1.从严治企，企业发展的必经之路

格力提倡从严治企，董明珠本人非常支持。

从董明珠上任的第一天开始，她就发现格力存在很多问题，而且在她所辖的经营部问题更多。她看不惯下属上班时一人一杯茶一张报纸，整天聊天的风气。于是她一周开一次会，用半天的时间来讲纪律，针对具体的人进行评议，有的女员工甚至被她训得直掉眼泪。经营部以女性员工为主，很多人喜欢戴各种饰品，并且披散着头发。董明珠来到后，立刻要求他们将头发剪短，或是盘起来，更不允许员工戴着叮叮当当的首饰来公司上班。对此规定，董明珠的解释是：女性员工如果打扮得太随意，就会显得不是很有精神。特别是结婚生子后，不少女人会拖拖拉拉的，这样不利于工作。如果打扮得太入时，也会影响工作。想打扮，可以尽情地在下班后打扮。

格力"从严治企"的管理风格不仅体现在对员工着装、头饰的要求上，还体现在管理工作的方方面面。为了打造出世界上质量最好的空调，格力的管理层经过调研，一共列出了12条经常出现、但又可以避免的问题，继而制定了"总经理十二条戒律"。他们认为这12条中，不管员工违背了任何一条，都会对格力的产品质量造成极大的打击，继而影响到格力在用户心目中的形象，甚至会影响到企业的生存。因此，作为格力人，这12条戒律谁都不可以违背。格力规定，一旦有员工违背其中一条，马上除名。

由于"总经理十二条戒律"出台前，员工们已经懒散惯了，新规定的出台并没有引起多少人的重视，反而认为公司又在搞形式主义。可是没过多久，他们就发现自己错了。"总经理十二条戒律"正式实施后不久，就派上了用场。先后有5名格力员工明知故犯，违背12条戒律。当然，结果就是他们被清除出格力队伍。至此，没有人再怀疑"总经理十二条戒律"的效力，也没有人再怀疑格力领导层"从严治企"的决心了。

成立之初，格力就强调并执行着严格的管理制度。自从董明珠成为格力的高层管理人员后，她就下定决心整顿所辖经营部的工作纪律。客观地说，她这样做，并不是想针对某个人或是几个人，而是想通过严格的管理制度，让企业规范化，制度化，从而形成超强的战斗力。她这样做的出发点绝对是大公无私的。

管理是企业永恒的主题。任何企业、任何时候都不能放松管理。从严治企，才是企业发展的必由之路。奖勤罚懒、优胜劣汰是实行从严治企的重要手段。只有有了严格的制度、严格的执行、严格的考核和严格的管理，并把它们建立在有序、有情、得法的基础之上，企业才能兴旺发达。

有一家IT公司，创业初期，由于老板的眼光独到，盯准了市场的某个区域，业务发展非常迅速。全体员工每天都像陀螺一样旋转着，加班加点是家常便饭，可即使这样，大家仍然士气高昂，取得了非常好的工作效率。

随着公司的发展壮大，企业员工越来越捉襟见肘，老板着急上火，给人力资源总监下达最后通牒：半个月之内，不惜一切代价，解决人员问题，否则就别干了！

于是，人力资源部打广告、开招聘会，使出浑身解数，不惜高价招人。就这样，公司的人员问题短期内得到了解决，公司的业务又有了起色，销售额再创历史新高。可是好景不长，在激烈的市场竞争下，公司的发展放慢了，又出现了新的人员问题。

一天，老板一个人私下到基层转了转，顿时明白了问题的根源所在。他发现大家上班的时候干什么的都有，有的员工上网聊天，有的玩游戏，有的拉家常，有的写博客。下班时间一到，大家就拿着早已收拾好的东西，一刻也不耽误地走了。

老板大发雷霆，把人力资源总监叫来，狠狠地骂了一顿，责令他尽快改变这种状况。同时，他召开全体员工会议，向大家灌输危机意识，并制定具体的薪酬奖惩制度，鼓励大家保持工作激情。此后，公司员工消极怠工现象有了很大的改观。

严格的管理是推动企业持续发展的不竭动力。在日益激烈的市场竞争中，企业面临着更为严酷的竞争，只有每个管理者做到"严"字当头，把从严管理的理念贯彻到每一项工作之中，才能做到事事有人管，控制不漏项，才会有令必行、有禁必止，才能使企业保持生产安全、质量过关、效益凸显的良好局面，从而始终拥有强大的竞争力和旺盛的生命力。不过，最后需要强调的是，"从严治企"不是没有根据地"瞎严"，也不是管理人员的主观随意性的"乱严"，而是管理工作有"法"可依，严而有序，严而有据，从严治企。

2.刚柔并济,恩威并施

20世纪工业时代,与以生产为核心相适应的"刚性管理"极大地推动了生产力的发展。进入21世纪知识经济时代,对那些"创新即生命"的知识型企业来说,在强调刚性管理,强调纪律、制度的同时,必须要注入"柔性管理"的部分,因为现在的员工与工业时代的员工有了很大程度的区别。

管理者"从严管理"是无可厚非的,但不懂"人情"的管理者是不会受到员工尊重和爱戴的。董明珠在管理企业的时候很霸道,但所有格力的员工都知道他们的这位女总裁是个有"人情味"的领导。

刚刚当上经营部长的时候,董明珠规定下属上班时间不许吃东西,一经发现,第一次罚50元,第二次罚100元,第三次走人。开始的时候,大家不知道这位新部长的脾气,以为就是说说而已。一天,一位员工从家里带了很多零食来,看差不多到下班时间了,就拿出来给大家吃。很不幸,正好赶上董明珠回来了,大家被抓了个现行。

董明珠没有手软,当即宣布在场的每人罚款50元,带零食的人罚100元。正在她说话之际下班铃声响了,在场的人脸上立刻露出了笑容,认为都是多年同事,连声说"算了算了"。可董明珠认为绝对不行,这次必须处罚。她说:"违反原则,再小的事都是大事,都要管到底。"众人目瞪口呆,都在想,这个女人太不近人情了。

事情没有结束,罚完了之后,董明珠也觉得很不舒服。经过多方打听,她得知那名被罚100元钱的员工家里非常困难,一个月的工资只有800元钱。于是，晚上她找到那个员工，自己掏了100元钱给她。董明珠对她说："我给你100元钱，不是我觉得罚你是不对的。你应该罚，因为你触犯了公司的制度，但私下我们都是同事，我觉得我有义务帮助你。"这名被处罚的女员工听到董明珠的这番话，很认同，也很感动。这时，她发现这位女部长并不像外表看起来的那么强势、霸道，本质上她也是一个心地柔软的女人，只是她将工作与生活分得非常清楚，在她的眼里公司的利益才是最重要的。这件事发生后不久，就传遍了整个格力，员工们渐渐了解了董明珠究竟是一个什么样的人。

平日里，董明珠对员工的工作环境和生活环境非常关注。如果格力的员工生病，董明珠会立刻要求工会组织探望，或是帮助寻医问药，无论在物质上还是精神上都给予帮助。有一次格力市场部长生病住院，董明珠特地从外地打电话回来，让秘书买一束鲜花替她去看望，回来后又悄悄买了一些营养品放在他的办公桌上。员工有什么事需要帮助，在不违背原则的前提下她也会尽力帮助。

有一名女员工，她当时在广东找了好几家工厂应试都没有被录用，最后到了格力。可是工作不到3个月，体检查出来她得了白血病。其实，按照规定在试用期格力完全可以解雇她，但是董明珠认为，既然她来到格力，格力就有这个义务去帮助她，所以公司花了几十万帮助她治疗。不过，因为她的病情很严重，最后还是离开了人世。从这件事看，格力不是一个只讲制度不讲人情的企业，格力的管理者也不是只懂刚性管理，不懂柔性管理的领导。

由于格力很讲人情，所以他们也收到了意想不到的回报。这位因白血病去世的女员工在她的笔记本里面留下了一句话——"一生虽然走过了二十多年，但是走过的地方只有格力给我带来了幸福和温暖"。这句话，不久后就在格力4万名员工中间传播开来。员工无不为在格力工作感到庆幸和欣慰。又过了不久，这件事在社会上也被传为美谈，人们纷纷赞扬格力是一个有人情味的企业。

日本松下电器创始人松下幸之助认为，企业管理者对待下属，应该像慈母的手紧握钟馗的利剑一样，平日里给予无微不至的关怀，犯错误时给予严厉的批评或惩罚，恩威并施、宽严相济，这样才能提高管理者的威信，从而成功地驾驭下属。

随身听是索尼公司最重要的电子产品之一。一次，一家分厂的产品出了问题，总公司不断收到用户的投诉。后来经过调查发现，原来是随身听的包装出了点问题，但并不影响随身听的使用，分厂立即更换包装，解决了用户投诉的问题。

可是公司总裁盛田昭夫并没有就此罢手，分厂厂长被叫到总公司的董事会议上，要求对这一错误作陈述报告。在会上，盛田昭夫对他进行了严厉的批评，并要求公司上下引以为戒。这位厂长已经在索尼公司工作了几十年，这是他第一次在大庭广众之下受到如此严厉的批评，所以他感到异常难堪和尴尬，禁不住失声痛哭起来。

会议结束后，他精神恍惚、有气无力地走出会议室，正考虑着准备提前退休。突然，盛田昭夫的秘书把他叫住，热情地邀请他一块儿出去喝酒。在酒吧里，这位厂长不解地问："我现在是被总公司抛弃的人，你怎么还这样看得起我呢？"盛田昭夫的秘书回答说："董事长一点儿也没有忘记你为公司作的贡献，今天的事情也是出于无奈。会议结束后，他担心你为这事伤心，特地派我来请你喝酒。"

接着，秘书又说了一些安慰和鼓励他的话，这位厂长极端不平衡的心态才稍稍缓和了一些，喝完酒，秘书又把他送回家。刚一进家门，妻子迎上来对他说："你真是一个备受总公司重视的人！"

这位厂长听了感觉很奇怪，难道妻子也来挖苦自己？这时，妻子拿出一束鲜花和一封贺卡说："今天是我们结婚20周年纪念日，你都忘记了！"

这位厂长更加疑惑不解了："可是这跟我们总公司又有什么关系？"原来，索尼公司的人事部门对每位员工的生日、结婚纪念日等重要节日都做了记录，每逢这样的日子，公司都会为员工准备一束鲜花、一些礼品。只不过今年有些特别，这束鲜花是盛田昭夫特意为这位厂长订购的，并附上了他亲手写的一张贺卡，以勉励这位厂长继续努力。

盛田昭夫不愧为一个恩威并重的高手，为了总公司的利益，他对下属的错误不能有丝毫的宽贷，但考虑到这位厂长是位老员工，而且为索尼公司作过突出的贡献，为了有效地激励他改正错误，更加积极努力地为公司效力，又采取了请喝酒、送鲜花的方式对他予以安抚和鼓励。盛田昭夫这种恩威并重的管理方法，被很多人称为"鲜花疗法"。

那么，管理者如何做到恩威并施呢？

首先，管理者应该对下属多一些人文关怀，放下架子主动和下属多接触、多交流、多谈心，以清楚地了解他们的心理所需，并给予他们力所能及的帮助；切忌以领导自居，高高在上，对下属不闻不问，甚至拒人于千里之外。此外，管理者在做重要决策时要民主一些，主动征求下属的意见，以争取下属最广泛的理解和支持。

其次，管理者如果有功不赏、有过不罚，必然无法鼓舞士气，激发下属工作的积极性，这样一来，整个企业团队就会逐渐丧失凝聚力和战斗力，必然导致政令不畅。因此，身为管理者，必须做到赏罚严明，赏要赏得众望所归，罚要罚得心悦诚服，这样才能树立起管理者的权威。

管理者如果总是冷若冰霜，一脸严肃，下属就会敬而远之。但是，管理者也不能做没有原则的老好人，对待下属的错误言行必须及时指出，晓之以理，动之以情。如果下属所犯的错误比较严重，必须予以相应的批评和惩罚。这样，管理者才会既有亲和力，又有不怒而威的威仪。

3.带着"放大镜"去找小问题

对于管理，格力有自己的见解。通常，很多企业都提倡管理者要"抓大放小"，但格力的总裁董明珠却是一个事无巨细，事必躬亲的人。

董明珠说过："我天天抓的就是一些小事，大事都给他们抓了，我有很多副总经理，所以我尽量地锻炼他们，而且在这个过程中会尽量培养年轻人。"

多年来格力一直用业绩说话，即便是在世界性的金融危机下，格力的利润也是不降反升，除了格力的产品品质好，营销策略对路的原因外，格力在企业管理上的卓越表现也是格力称霸中国空调业的重要原因之一。而格力主张的"大领导，抓小事"的管理策略更是闻所未闻，完全属于管理上的创新。

董明珠说："作为一个老总，没有什么大事做，每天就是带着'放大镜'去找小问题。找到问题就要及时解决。我就管小事，没有大事，在细节中不让问题发生，让问题在小事时就得以解决。小事没有了，也就没有什么大事了。"

格力做的是空调，属于高科技家电行业。精密的产品构造，养成了格力管理者关注小事，崇尚细节管理的特点。空调有1000多个零部件，每个零部件看起来是小事，但实际上又是大事。所以董明珠经常关注细节，而且她自己在解释为什么她本人过于主张"完美主义"的时候说："即使每一件都成功，但哪怕出现一件错误，美誉就等于零。经过近20年的营销生涯，我对'100-1=0'这个等式体味更深。"

在格力，董明珠喜欢天天带个"放大镜"找问题，她对于一些员工在办公室里打打闹闹、吃零食的行为很是不满，担任经营部长时特地制定了一条不能在办公场合吃东西的纪律。她的理由是："如果这个时候一个用户走进来，看到一群正在吃东西的嘻嘻哈哈的人，他会对这个企业有信心吗？他会放心把几百万、上千万的货款交给我们吗？"甚至有一次，董明珠说服一个中层干部不要继续戴一颗很大的金戒指，她认为一位管理者戴着如此大的金戒指不但会让员工不舒服，而且在用户面前也会导致自身形象受损，让对方认为格力的员工不专业。

如果有幸去过格力，你会注意到一个小小的细节，那就是在厂区有严格的人行道和机动车道的划分，而如果人们能稍稍机灵一点，就可以选择一个路径，以最快的方式到达自己的目的地。但是在格力内部，却没有一个人去走这条捷径。董明珠说："因为我们的企业很大，内部安全很重要，任何违规都不行，所以我们带队参观的人都不允许走到那条路上。"

管理贵在坚持不懈，贵在关注细节，贵在从小事抓起。企业一旦形成了制度，不但要认真去坚持，而且还要善于与管理中的日常小事作斗争，善于抓小事。正所谓"勿以善小而不为，勿以恶小而为之"，在日常管理中正是因为这些小事被忽视，才往往铸成大错。

海尔的管理层有一句名言："要让时针走得准,必须控制好秒针的运行。"这句话说明对小问题加以管理的重要性。海尔的掌门人张瑞敏就经常称赞执行总裁杨绵绵是一个很善于抓事关全局的"小事"的人。她可以通过一个很容易操作的模式,把"小事"变为大局面。当海尔老总们在北京商场的海尔专柜上具体过问一些细节小事的时候,很多同行业的老总说："你们都做到这么大的老板了,还抓这么细小的事,真是不可思议。"张瑞敏的回答是："企业管理中我信奉这么一句话,每天只抓好一件事就等于抓好了一批事,因为每一件事都不是孤立的,抓好了一件事会连带着把周围的一批事都带动起来。"

原冰箱二厂厂长在广州出差期间,厂里的员工上班打瞌睡,正好被张瑞敏抓到。张瑞敏因为这件事加倍处罚了厂长。张瑞敏认为,这件事反映了当时干部中的一种普遍思想倾向,觉得企业发达了,日子好过了,多少有些骄傲自满的情绪,觉得"企业发展到今天,自己没有功劳也有苦劳,即使工作中出点毛病,也不能像过去创业时那样惩罚了",这样的想法是十分危险的,这种趋向性的问题应该是领导人紧抓不放的。张瑞敏拿这位厂长开了刀,以威慑整个集团的干部。虽然张瑞敏仅仅是处理了一件小事,却让整个海尔员工的思想意识发生了变化。

张瑞敏曾说过："把每一件简单的事做好就是不简单;把每一件平凡的事做好就是不平凡。海尔集团'严、细、实、恒'的管理风格,把细和实提到了重要的层次上,以追求工作的零缺陷、高灵敏度为目标,把管理问题控制在最短时间、最小范围内解决,使经济损失降到最低,逐步实现管理的精细化,消除了企业管理的所有死角,大大降低了成本材料的消耗,使管理达到了及时、全面、有效的控制,每一个环节都能透出一丝不苟的严谨,真正做到环环相扣、疏而不漏。"

近些年,很多企业大起大落,根本原因就在于规章制度不可谓不细、不严、不实,但往往说在口上,没有落实到行动上,而出现这种情况的原因通常与管理者看不起、看不上、看不见"小事"有关。一个连小事都解决不了的企业管理者又该如何去处理大事呢?

4.管理者一定要以身作则

董明珠是一个凡事都讲究原则的人,所以她在管理企业的时候,都是以身作则。在原则面前,她从不低头,即便有其他方给她施加再大的压力,或者面对的是自己的亲人,她也毫不妥协。

董明珠从来都不掩饰自己希望把格力做成"中国空调行业第一个世界名牌"的野心,而且她非常乐意把这种美好的憧憬与自己的员工一起分享。董明珠说:"我不只分享我的愿望,而是把这种目标划分成可执行的规则或计划,以此推进目标的实现。"但她认为要实现目标的第一要诀,便是在要求他人之前先以身作则。

管理者要想员工努力工作,自己首先必须是一个勤奋的人。

董明珠回忆他刚刚做经营部长时的经历,不禁感慨地说:"我在做经营部部长时的那几年对自己很残酷,基本上每天平均睡眠时间是两小时,夜里做梦都会突然爬起来写东西……没办法,有些时候你必须要有激情投入,才能改变一个现象。而一件事情刚起步的时候除了全心投入之外没有别的办法。"正是董明珠的带头作用,让她的团队成员都能全力以赴,在当时创下了一个个的销售奇迹。

在规范企业管理制度方面,董明珠依旧以身作则。1995年,董明珠当上部长后不久,格力空调的销售量大幅度提升。那时候,不是格力会员的经销商想从格力拿到货非常不容易。有一个经销商打听到董明珠有一个哥哥,于是打算通过她的哥哥,多在格力拿点货,报酬就是给他哥哥2%的提成。2%听起来不多,但折换成钱,在那个年代着实不是个小数目。一个经销商的进货动辄就是上百万,只要董明珠同意,她哥哥一个电话就能有几万元的进账。

可是当她的哥哥打电话说明此事后,董明珠拒绝了。她不但拒绝了她哥的要求,随后还给那位经销商打了电话,告诉他以后都停止给他供货。董明珠说,从小哥哥对自己都很好,但从那件事情发生后,直到现在十多年的时间,哥哥与她都没有来往。

对于这件事,可能有很多人不理解董明珠,如果那一次多拿点货给经销商,并不会让谁的利益受损,但董明珠只说:"我的处事原则是要诚信,公平公正,我更要以身作则"。

律人先律己,自己能够以身作则,做好表率,下属就会跟随你。董明珠作为格力的领导者,只有做到以身作则,才能以德服人、以力御人,才能取得他人的信赖和认可。董明珠如今树立起来的威信,与她以身则的管理作风是分不开的。

儒学经典《论语》讲道:"其身正,不令而行;其身不正,虽令不从。"这句话的意思是,一个领导者只有严格地要求自己,起好带头表率作用,才能服众。如果自己都做不好的事情,还要求别人做好,那是不负责任的表现。

但凡成功的管理者,都是员工学习的榜样,都是以身作则的典范。

有一天，美国IBM公司老板汤姆斯·沃森带着客人去参观厂房。当一行人走到厂门口时，被警卫拦住："对不起先生，您不能进去，我们IBM的厂区识别牌是浅蓝色的，行政大楼工作人员的识别牌是粉红色的，你们佩戴的识别牌不能进入厂区。"看到警卫人员如此不识趣，董事长助理彼特对警卫口气不佳地说道："这是公司的大老板，在陪重要的客人参观。"然而警卫人员回答道："这是公司的规定，必须按规定办事！"

很多人都在等待汤姆斯·沃森的反应，心想这个小警卫的工作可能要丢了。可结果却出人意料，汤姆斯·沃森笑着说："他讲得对，快把识别牌换一下。"所有人很快更换了识别牌。从那以后，厂区的识牌制度很好地保持了下来，没有一个人去找麻烦，因为他们知道公司的最高领导也是主动遵守该制度的，何况自己呢！

日本前经联会会长土光敏夫，是东芝电器的前任社长，也是一位地位崇高、受人尊敬的企业家。1965年他出任东芝社长的时候，东芝因为管理不善，员工松散，公司绩效不断下降。土光接管之后，提出了"一般员工要比以前多用三倍的脑，管事的要多用十倍，我本人则有过之无不及"的口号来重建东芝。他经常对下面的各层管理人员说"以身作则最具说服力"。

一天，东芝的一位董事想参观一艘名叫"出光丸"的巨型油轮。由于土光敏夫已经看过几次，所以事先说好由他带路。当天是假日，他们约好在樱木町车站会合。土光准时到达，而那位董事乘公司的车随后赶到。看到土光敏夫已经在约定地点等候，董事说："社长先生，抱歉让您久等了。我看我们就搭您的车前往参观吧！"董事以为土光敏夫也是乘公司的专车来的，可是土光敏夫面无表情地说："我并没乘公司的车，我们去搭电车吧！"听到这，董事当场愣住了，羞愧得无地自容。

为了杜绝东芝的浪费现状,土光敏夫以身作则地为所有员工上了一课。此后,这件事传遍了整个公司,所有员工都心生警惕,不敢再随意浪费公司的财物。在土光以身作则的管理下,东芝的情况逐渐好转。

企业的管理者既是制度的制定者和推行者,也是制度的执行者和培训者,这就使得他们在要求下属的同时更应该严格地要求自己。如果一个企业的管理者自己都不遵守规则,如何要求企业的其他成员来遵守呢?我们的企业不缺乏规则,缺乏的是企业管理者以身作则的管理理念和意识。只要管理者永远站在队伍的最前方,给员工以榜样、力量、方向、方法上的引导,那么整个企业就会大踏步地向前发展。

5.讲制度,不搞人情

在我国的大多数企业中,无论是国营还是民营,要想断绝各种各样的人际关系,几乎不可能。但格力做到了,原因就是他们的领导者董明珠希望格力不是一个靠人际关系构建起来的企业。而且为了净化格力,董明珠的努力从她还是格力的中层管理干部时就开始了。

在董明珠成为格力的实权派之前,格力同很多中国企业一样,是一个人际关系网相当复杂的企业。不过,刚刚当上经营部部长不久的董明珠就给了这张腐朽、堕落的大网狠狠的一刀，并划开了一个大口子，从此这张网渐渐地消失了。

董明珠当上经营部部长不久，发现经营部很多人都是通过老总的关系进来的，即使是分管的领导都不敢去碰这些人。董明珠可不管这些，她不光想整顿这些人，还要专门找一个硬钉子碰，找个有关系的人开刀立威。此时正好有一个人撞在了她的枪口上。董明珠知道这个人的权力很大，所以盯了他很长的时间，终于被她发现了问题，这个人签字发出的几百万元的货根本对不上账。董明珠抓到了证据，决定狠狠地处罚他，并通报全公司，还降了他的工资。

看到局面如此尴尬，格力分管人事的领导出面劝告董明珠，说人事工作要慢慢来不能急，急就要出问题。别人都对你有意见，要与人搞好关系，弄不好你这个部长会当不下去。董明珠知道人事领导的意思，但她明确表示，如果为了搞好人际关系放弃原则，弄得公司不能发展，这种做法她自己不能认同。而且她说："我从上班第一天起就预备明天下岗，不是为了钱而是要做事业，那就要坚决履行自己的职责。"

董明珠为什么要坚持己见？她考虑的是，只要将这个人征服了，所有的人就会明白人际关系在格力不是护身符。只要有人犯了错，无论是谁，都必须接受惩罚。董明珠的决定必然也引起了连锁反应。第二天，老总朱江洪就把董明珠叫过去询问情况，董明珠把情况进行了简单说明，并表示扣一级工资还少了，如果自己有权的话就把他开除掉。

为人宽厚的朱江洪被董明珠弄得也很无奈，但碍于她说得很有道理，只好暗示董明珠顶多罚款加警告就行了，没必要做到降级通报的地步。但董明珠坚持自己的观点，她反问朱江洪："我为了搞好关系，而导致企业不能良好发展，以至于企业损失几百万，你认为我是搞好关系好呢？还是坚持原则好呢？这不是个人感情的问题，站在个人的角度我完全可以做好人放过这件事,但是从企业的角度必须进行处理。当时经营部已经有了要送礼才能拿到货的风气,这样下去对公司贻害无穷。"朱江洪听了董明珠的一番话,也没有话说,这件事只能按董明珠的想法办了。

最后,董明珠通过这招"杀鸡儆猴",达成了自己的目的。之后,所有的员工都知道董明珠做事不是说着玩的,经营部的工作风气很快就焕然一新了。

一个企业如果过多地讲求人际关系,最恶劣的结果就是导致公司的制度变成一张废纸。企业管理者必须意识到,任何一种制度都有它的优势,都比"人治"对企业的发展更有利。所以说,当一些企业出现管理上的问题时,不要总是抱怨制度不合理,而是应该反思一下,是制度的问题,还是人的问题。

联想为了避免企业内部充斥着复杂的人际关系,出台了这样一个决定:班子成员们的子女不允许进入公司。联想的元老都是计算机所出身,他们的子女几乎也都是学习计算机的,如果公司不出台这一规定,他们的子女都想进联想。可是这些人进入联想,关系就会变得复杂,而且对其他年轻员工也不公平。除此之外,社会上有些大用户及各种各样的社会关系,都会推荐他们的子女或有关的人到联想里来。如果联想的班子成员自己都不能起到表率作用,那么联想岂不变成了家族企业,制度也就会失去它应有的作用。于是,为了保证联想内部管理机制的公平性和透明性,联想的领导班子成员从不凭借个人关系,走后门让自己的亲戚朋友进入联想,也绝不会因为某位应聘人员的亲属是国家重要部门的高官而降低招聘标准。如此一来,联想内部少了很多不利于企业发展的裙带关系,管理者管理起来更得心应手,员工的工作热情也更高。

做企业的,如果不能改变外部环境,那么就应该去净化企业内部环境。如果一个企业，全凭人情办事，制度虚设，必然会伤害大多数的诚实劳动者，并且还会搞乱企业风气，最终导致的结果一定是效率下降、品质下降，企业凝聚力下降，发展受阻。

那管理企业时就一定不能讲人情吗？当然也不是。企业管理的原则要讲人情，但讲人情的重点是上级关心下属，对所有下属一视同仁。在制度上确立管理者尊重人、信任人、关心人的责任承担方式，让所有员工感受到企业的温暖与关怀，而不是靠人情去达到一些人的某些利益诉求。

企业是一个赢利的经济组织，不应该也不可能长期允许一些不务实、不诚实的人侵占他人劳动成果或是企业利益，靠拉关系甚至请客送礼来获取个人利益，长此以往不利于企业的发展。

6.伟大的公司，一定是强悍的

董明珠曾这样说过："我从来就没有失误过，我从不认错，我永远是对的！"这句话听起来是如此霸道和固执，但它并不是董明珠在发脾气后说出的气话，而是她在面对记者时的直言不讳。董明珠想表达的意思是，她不允许自己犯错，因为一旦错了，企业就有可能一下没了，她不能拿企业的生命来开玩笑！要想自己不错，就必须在决定事情之前经过全盘的分析和思考。

世界上，大大小小的公司不计其数，但是真正伟大的公司，又有几个？世界上，形形色色的老板不计其数，但真正强悍的老板，又有几人？

说到伟大的公司，我们不得不提起IBM(国际商业机器公司)。

美国著名的管理专家及畅销书作家吉姆·柯林斯说过："一家伟大的公司应该能够回答这样的问题：如果公司不存在了，或者失败了，这个世界会有什么损失。"于是，有人曾讨论过："如果世界没有IBM会怎样？"

如果，只是如果，如果IBM真的破产了或分解了，那么对美国而言，损失的不仅仅是每年数百亿美元的GDP，还有30多万人不得不重新就业，全球每年要少上千个发明，全球信息网络的发展将放缓，甚至全球很多企业的生产力都会受到影响。

当然，最可怕的是，美国民众的自信心将受到巨大的打击。因为IBM不只是一家美国公司，更重要的是，它成了美国精神的象征，它代表了开拓进取、勇于创新、崇拜英雄主义等精神。

有一位IBM员工曾讲述了一个非常典型的例子。这位员工在十几年前，曾被邀请去参加一个陪审团。法官对律师们说："你们可以挑选任何你们中意的人，但我一定要这位IBM员工参加陪审团。"因为在他看来，IBM代表了诚信、卓越和高贵的品质，选择IBM的员工做陪审人员，是一种公平、公正的保证。

如果你问："IBM是一家真正伟大的企业吗？"你听到的赞同声将远多于反对声。IBM的伟大在于它经历了多个经济周期和产业阶段的考验，它已经坚持了一百多年，经历过大大小小无数次变革，在这一百多年中，IBM始终追求利润之外的东西，并把自己的命运和整个产业的命运紧密联系在一起。而这些，是一家伟大企业的基本特质。

IBM之所以具有伟大的特性，得益于创始人托马斯·沃森(即老沃森)，他是一个具有传奇色彩的人物。"没有谁能像他那样作风严厉，百折不挠。他那双眼睛仿佛能看透你的心思。他绝非软弱之辈，他是个资本家，他期望IBM能赚钱，赚大把的钱。但他又极具洞察力，他深谙企业经营之道，懂得如何让企业在他离去之后仍能保持长盛不衰。"IBM的前任CEO萨缪尔·帕米沙诺这样评价托马斯·沃森。

这个能看透别人心思的人，最大的杰作就是第一次将企业文化作为经营手段，而且取得了空前的成功。在沃森之前，人们把员工当作庞大流水线上的螺丝钉去看待。在这种环境下，各种预先设定的规章制度就是一切。而老沃森通过企业文化来管理员工，从而控制员工的行为，他建立了一种文化：每个人都努力工作，每个人都对企业忠诚，忠诚可以获得回报。

为了确保文化的统一性，老沃森要求每个员工穿浅黑色的西服、白色的衬衫、打着素色领带，要求大家唱公司的歌曲，鼓励大家积极推销公司。老沃森把所有的思想归结为三点：尊重个人、一流服务、追求卓越。尽管后来的小沃森在冒险精神上远胜于老沃森，但他依然认为，什么都可以改变，但企业赖以生存的基本信念是无法改变的。他认为，企业在接受挑战的过程中，必须做好准备改变一切，但已经融合到公司声明中的信念是不能改变的，这种基本的经营哲学是神圣不可侵犯的。

IBM的基业是由老沃森奠定的，IBM预见未来的力量是小沃森带来的，郭士纳则给IBM带来了诸如执行、团队精神、市场竞争等理念，萨缪尔·帕米沙诺则重新诠释了老沃森时代的IBM信念和文化，并把郭士纳开始的变革进行到底。

那么，是什么东西让IBM在一百多年里，始终保持惊人的一贯性呢？如果没有赢利，IBM还能保持高度的一贯性吗？说到这里，我们不得不重点提到郭士纳，1993年，郭士纳试图对IBM进行改革，他强调市场竞争，强调企业利润，这种变革在老IBM人看来是不舒服的。

为了说服大家，郭士纳向大家保证："采取变革措施是为了让IBM重新获得赢利能力。他告诉大家，"IBM已经到了非常危急的时刻，如果没有资金对技术、人员和新兴市场的投入，那么每个IBM人都不会有任何前途。只有企业利润增长了，才能带给大家安全和福利，这正是大家所希望的。"郭士纳的这席话对任何梦想成为伟大企业的而言，都是非常适合的，因为利润才是企业的血液，没有利润的企业终将死亡。

有一组数据表明，1993的IBM年亏损数额高达80亿美元，而6年之后，IBM的年利润超过100亿美元，而且利润的高速增长一直持续到2001年。这种扭亏为盈的速度，绝对是世界企业中的一大奇迹。这些赢利使得IBM有充足的资金实施一系列的技术革新，使得IBM在软件、芯片、存储、搜索、商业咨询与外包服务等领域都成了行业的领导者。

有一年，在微软合作大会上，微软CEO史蒂夫·鲍尔默曾公开宣称，微软的最大竞争对手不是甲骨文，而是IBM，而且连续把"IBM"说了5遍。由此可见，IBM有多么强悍，有多么"可怕"。

伟大的公司是由伟大的老板缔造的，强悍的老板又因企业的伟大更显强者风采。在这个世界上，开公司的人不计其数，想成为伟大的人物，想成就伟大的公司的人也很多。但是真正让世界公认是伟大公司、伟大老板的人却没有几个。因为伟大公司首先必须是一个"大写"的人，而这个"人"的风格与它的老板风格一致。

以苹果公司为例，苹果公司之所以成为伟大的企业，在很大程度上取决于乔布斯的领袖风格和创新思维，是他将苹果带上了世界科技的巅峰，是他通过诸多革命性的产业变革，改变了这个时代的生活方式。乔布斯曾经不止一次说过："成就一番伟业的唯一途径就是热爱自己的事业。如果你还没能找到让自己热爱的事业，继续寻找,不要放弃。跟随自己的心,总有一天你会找到的。"

作为一个企业老板,你是否知道自己生命中,有什么使命要达成?当然,你不需要任何权威来评断自己的使命,任何人都不能帮你决定自己的使命、自己企业的使命,这要靠你自己去寻找。也许很多老板一辈子都无法缔造伟大的企业,但只要你保持创业的热情,每天都进步一点,那么你就是最强悍的领袖人物,你的企业就能活得越来越好。

7.没有退路,才会奋勇向前

自古以来,中国都是一个尊崇中庸的国度,中国人说话讲究含蓄,讲究谦虚,像董明珠如此高调地评价自己是很少见的。有人可能说,董明珠这么说听起来有点胡搅蛮缠。可是,仔细想想,她的说法是有道理的。作为一名企业的管理者,如果自己的决策自己都不认同,又如何能够有效地执行呢? 同时,董明珠敢这样说,自然有她的道理和资本。至少到目前为止,董明珠从业务员到总裁,所做过的一切决策,还没出现过失误。也正因如此,董明珠说这句话,不但没有受到人们的嘲讽,反而赢得大家的尊敬。董明珠认为,企业管理者的"自信心"和"自我肯定"在他们管理企业时,产生的积极作用是非常大的。因为这会增强管理者的责任感,以及做事的成功率。

想让一个人屈服有很多种方法,但要让人从心底佩服并不是一件容易的事。要以德服人,才能够真正地让对方心服。而要做到以德服人,就必须让对方对自己的做事风格敬佩。

在格力的十多年来，董明珠做所有的决策几乎都是正确的，因为她的每一项决策，都是站在公司利益的立场上，为公司的发展着想的。她在作决策的时候，从来不考虑自己的利益。

1996年，董明珠带领23名营销员迎战国内某厂家近千人的营销队伍，夺得全国销量第一，而且没有一分钱的应收账款。董明珠堪称奇迹的营销成绩至今还让人津津乐道，令对手心服。甚至有人为了看看这位销售女强人到底长什么样，而自费坐飞机去了格力。还有很多人不禁发出这样的感慨："董姐走过的路，都长不出草来。"2004年，国美未经格力允许，擅自将其空调降价，董明珠一怒之下，断绝了与国美的合作。很多人认为格力这样做是自掘坟墓、意气用事，但董明珠对其他人的议论熟视无睹，依旧认为"我是对的"。两年后，事实再次证明董明珠的决策没有错，撤出国美，格力的销量不降反升。

不用质疑董明珠的决策是否太草率，因为她深知作为一名企业领导者，在作出任何一个决定的时候，如果不能全盘考虑，尽量缩小风险和错误的可能性，他就是不负责任的。一个错误决定的出现，可能对一个人没有什么，但对企业而言，就可能酿成不可挽回的后果。因此，董明珠要求自己不能失误，必须做出正确的判断。

马云曾说过一句经典的话："在创业的道路上，我们没有退路，最大的失败就是放弃。"他把"永不放弃"作为自己的座右铭，在企业最困难的时期用来鼓舞自己的斗志。其实，不只是马云，世界上那些成就大业的人，都有永不放弃的精神。不放弃意味着顽强地走下去，哪怕前进的路上布满了荆棘，也会不达目的誓不罢休。

肯德基创始人哈兰·山德士的成功创业，就是一个绝好的例子。

人到了65岁大都在安享晚年，但是哈兰·山德士却在65岁时选择了创业。当时他身无分文，非常贫穷，靠着政府发放的救济金生活。一次，他看着领来的105美元救济金，问自己：难道我一辈子都这样活下去吗？我是否应该做点什么？

从那之后，哈兰·山德士开始思考要干点什么，结果他想到了炸鸡秘方，于是决定用这个秘方赚取财富。虽然有了创业项目和计划，但是山德士身无分文，没有人脉，没有精力，怎样才能创业呢？

思来想去，哈兰·山德士认为，只有想办法与人合伙，用别人的钱，为自己赚钱。可是，谁愿意把钱交给一个65岁的老头儿来经营呢？可想而知，哈兰·山德士的创业之路非常艰辛，没有顽强的毅力很难走下去。

哈兰·山德士是怎么做的呢？他每天带着创业计划，挨家挨户地敲门，把自己的创业想法告诉每一个人，每一家餐馆。结果和很多人预想的一样，他看到的都是别人的嘲讽，听到的都是别人的冷言冷语。所有的人都认为，这么大年纪的老头儿创业，不是开玩笑吗？

但是，哈兰·山德士没有放弃，他坚信自己的创业计划能实现。他认为，别人的拒绝是上帝在考验他，就这样，他凭借一腔热情，坚持前行。最终，有人接受了他的计划，这才有了今天遍及全球的肯德基。

作为一名企业老板，一定要有这种狠劲，正如那句话说的"男人就应该对自己狠一点"，做老板也应该对自己狠一点。

哈兰·山德士曾经说过："我不知道成功是什么，但我知道失败是什么，失败就是放弃。"因此，如果你希望成功，就不要轻言放弃。这种强烈的成功意志，是每个老板都应具备的。企业发展不可能一帆风顺，失败是企业发展的重要关卡。一个企业能否辉煌，很大程度上取决于老板那种"永不放弃"的狠劲。英明的老板会把困难一个个剔除，把胆怯一点点消除，甚至自断后路，破釜沉舟。

恺撒大帝在夺取政权之前，是一位优秀的将领。有一次，他奉命率舰队去攻打海外的一个岛屿。在出发前检阅舰队之时，他发现随船远征的士兵少得可怜，而且武器装备破旧不堪，这样怎么能征服英勇善战的土著呢？

然而，恺撒还是如期起航，舰队到达目的地后，他召集所有的士兵下船，然后一把火烧掉了所有的战舰。接着，他向全体士兵宣布："战舰已经烧毁，我们没有退路了。所以，大家只有两个选择，要么勉强应战，如果无法取胜，就会被土著杀死；要么奋勇杀敌，战胜对手，这样才有活命的机会。"

后来，士兵们都抱着必胜的决心，奋勇杀敌，终于攻下了强敌。这次战役的成功，为恺撒日后掌权奠定了坚实的基础。

没有退路，才会奋勇向前。企业在发展过程中，老板务必抱着无退路的决心，这样遇到什么困难，都不会轻易放弃，遇到什么障碍，都会直接踏平。如果老板的意志不坚，时时准备知难而退，那么企业是很难做大做强的。

一个人一生的成败，全在于他的意志力强弱。一个企业的成败，则在于老板的意志力强弱。世界上没有常胜将军，挫折和失败是正常的。真正成就大业的老板不是没有遭遇过挫折、经历过危机，而是在危机之中能保持自信，并找到机会；真正成就大业的老板不是没有遭遇过失败，而是在失败之后，依然能找到出路。

第八章

诚信经营,吃亏是福

··

1."工业精神"就是"吃亏精神"

在众多中国企业中,格力是特殊的,也是寂寞的。因为格力与其他企业不同,其他企业信仰商业文化,而格力崇尚"工业精神"。这么多年来,格力一直把踏踏实实做事的"工业精神"作为自己的信仰,最后成就了中国空调界"龙头老大"的地位。

董明珠一直强调"工业精神",她说"工业精神"就是"奉献精神",也是"吃亏精神"。用董明珠的话说:"就是吃亏精神,少说空话,多干实事的精神,全心全意关注用户需求的精神。这种精神要求企业坚决杜绝投机行为,不依靠各种似是而非的概念炒作、涂脂抹粉的表演秀来支撑企业的生存发展。十多年来,格力电器一直潜心于空调制造业,兢兢业业14载,专心专意做空调,从'不拿用户当试验品'到'实施精品战略,开展零缺陷工程',从'强化质量意识'到超越售后服务,可以说,回顾格力的发展历程,所有的经营理念都体现了'工业精神'的真实意义,也正是凭借这种融入血脉的诚信,求真务实的精神,格力空调赢得了越来越多的用户的喜爱。"

自改革开放以来,中国的大部分企业长期用"商业精神"来指导企业和市场的发展。而商业精神的主旨是"什么赚钱做什么",完全用利润的标尺来衡量企业发展。最后,这把"利润的尺子"将企业推向了追逐利润的泥潭之中。价格战、同质化、产能过剩等都是"商业精神"带给中国制造企业无法逃避的后遗症。与之相反,格力倡导"工业精神"。虽然格力也要赚钱,也追逐利润,但这不是格力追求的最高目标。在格力领导者的心中,要实现的目标是成为真正沉下心来"做工业"的人。这样的人,必定是"工业精神"的实践者,即有理想、有抱负、有社会责任感,愿意为理想而放弃眼前的利益。这样的人,会把推动社会进步作为自己事业的核心,而非简单地赢取利润。

在"工业精神"的指导下,任何一款格力空调在设计前都必须经过长期、严密的市场调查。而且设计过程中,设计师都是站在用户的角度,尽最大努力满足用户实际和潜在的全方位需求。与此同时,每一台格力空调在出厂前必须在170多个具有国际领先水平的实验室中进行测试。只有那些完全符合要求的空调产品才被允许出厂,被送进千家万户。

这么多年过去了,格力始终雄霸中国"空调老大"的位置,不能不说与他们提倡的"工业精神"有着密切的关系。

为什么中国的制造业总是比不上西方先进国家的制造业,根源就在于我们的企业领导者过多去追求利润,而少了些许"工业精神"。中国制造业如果要发展,需要的就是多一些真正的从事工业的人和他们崇尚的"工业精神"。他们也追求利润,但并不仅仅为了赚钱。他们带领企业获取利润的同时，自己也完成了企业的自主创新，实现了核心技术的发展。

纵观世界经济发展历史，人们不难发现，那些长期领导行业发展的领袖企业，从表面上看似乎是在"商业精神"的指导下行进，实际上，其发展核心动力就是一股"傻劲儿"和"吃亏的精神"，也就是所谓的"工业精神"。

在福特生活的年代，很多人都知道了"自动发动机"，不过这些人只将它看成一个趣闻，没人深入思考它会给人类带来哪些积极影响。反观福特，虽然有点傻气，但他有一种奉献精神。他愿意不求回报地对"自动发动机"进行深入研究。最后，福特弄清了发动机的原理，然后有了制造双缸发动机的构想。1892年，他成功造出了属于自己的第一辆汽车。应该说，是执著的精神造就了福特成功的开始！

现代人再去体味福特的成功，可能感受不到他的伟大，也体会不到他当时的艰辛。不过人们设身处地地想想，就会知道福特在自己的小车间里研究、实验的艰辛。仅仅凭着有限的资料，摸索着将一个个别人从来没想过的构思变为现实，虽然他的内心是快乐的，但他付出的辛苦难以想象。也许福特的经历，也是每一个死心塌地、想做好工业的人的必经心路历程。

富士康总裁郭台铭曾经说过："我是做制造业的，做制造业非常苦，我不能让自己生活得太安逸，否则是经营不好企业的。"的确，工业与商业不同。工业是一座用思想与汗水、一个零件一个零件构造起来的大楼。这座大楼的高度，取决于地基的牢固程度。所以，侥幸与投机在这里都不管用，只有秉承一种"工业精神"，才能一步步接近自己的理想，才能昂首阔步走向未来。

我们不妨想象一下，如果没有当年福特坚持只做汽车不做金融的"傻劲儿"，就不会有今天的福特汽车；如果比尔·盖茨放弃了软件产业，而投身房地产赚取暴利，就不会有今天的微软。似乎可以得出这样的结论，支撑一个企业走向未来的不是简简单单的技术，还需要一种精神，而这种精神就是"工业精神"。

2.眼前不赚钱，不代表永远没钱赚

"工业精神"讲的是甘于寂寞，讲的是吃亏奉献，但这都是通往成功的必经之路。虽然暂时企业没有利润可赚，但这是企业获取更多利润的铺垫。因为眼前不赚钱，不代表永远没钱赚，而且最后还能挣到更多的钱。

格力在扩张企业规模时，经常会收购一些亏损的企业。人们好奇，格力难道不怕被拖后腿吗？董明珠的回答是，做工业，必须想得长远，不能被眼前的利益束缚住。这些企业虽然暂时亏损，但经营好了会关系到格力未来的发展。这些企业从事的业务都与格力现有的业务息息相关，格力要有点"工业精神"，不能总是朝"钱"看。

2004年，格力电器斥资1.8亿元，收购了格力集团旗下的凌达压缩机有限公司70%的股权，珠海格力小家电有限公司75%的股权，珠海格力电工有限公司70%的股权，珠海格力新元电子有限公司80%的股权。至此，历时一年的格力电器与格力集团之间的"商标"纠葛告一段落。

对于此举，很多人不禁会产生疑问，格力收购这些亏损企业后，如何令它们扭亏为盈呢？这不是在给自己添加包袱吗？格力难道不坚持走专业化道路了吗？而董明珠的回答是："这4家公司无论是行业地位还是基础都是不错的，亏损的原因主要是经营管理出了问题。压缩机是空调的核心部件，格力电工的漆包线及格力新元的电子元器件都可直接为凌达压缩机及格力空调配套，除格力小家电外，其余3家企业的产品均可作为格力空调的供应链，可大大降低公司的生产成本。况且眼前不赚钱，并不代表永远没钱赚。其实从长远看，本次收购还是相当划算的。首先，有利于格力品牌的统一管理。其次，收购的是一笔巨大的无形资产，它能给企业带来新的价值增长点，还可以解决部分原材料和部件采购成本过高的问题。因此，从这个角度看，收购对我们有百利而无一害。"

仔细观察此次格力收购的四大业务，不难发现，格力确实还在继续坚持他们的"工业精神"。以收购凌达压缩机有限公司为例，予以说明。近年来，一些空调企业纷纷倒闭，很多经济学家将原因归咎在市场容量有限和价格战方面，但真正的原因是企业自身的问题。那些倒闭的企业不注重产品技术的开发，不注重服务，只关注眼前的利益，可格力想的是整个中国空调业的发展，是空调业的未来。

压缩机是空调最为核心的部件，目前很多中国空调企业不能生产，只能从国外购买。格力之所以收购凌达压缩机有限公司，就是要加大压缩机的研发生产力度。此外，格力还公开增发5000万股，募集11.5亿元，全部投资到合肥生产线360万台空调压缩机项目上。通过这几项大的举措，格力空调年产量可以达到2000万台，压缩机自给率竟会接近50%。董明珠说："掌握了压缩机，就是掌握主动权。如果没有压缩机，格力就会始终被别人掌控。这样做的最大好处是，能够给格力提供源源不断的研发动力。"

听了董明珠的一番话,人们才恍然大悟,原来增强研发动力,掌握空调核心部件才是格力收购凌达压缩机有限公司的初衷所在。当然,他们也知道了董明珠为什么说"今天不赚钱,并不代表永远没钱赚"。有时候,企业吃点亏是难免的,不过以后能得到更大的回报。因为用户知道,企业暂时吃亏,不赚钱,为的是最终对自己负责,用户会用更大的热情来回报企业。相反,企业总是过于浮躁,没有一点点甘愿奉献的"工业精神",只顾眼前利益,那会给企业埋下隐患,甚至带来更大的伤害。

为民族产业争光,用"实业"振兴中华民族,这是很多中国企业家的理想。包括格力、海尔、联想在内的很多企业掌门人都在不同场合表达了他们的希望。振兴中国的民族产业,首先就要求企业必须有"工业精神",要用长远的目光去考虑企业的未来,民族产业的未来。不要鼠目寸光,为了眼前的一点点小利益,而忽略了整个市场。

"产业报国"作为联想的愿景已经多次被提出来,并成为联想企业文化中有力的支点之一。柳传志常说:"联想初办时,我们就是想体现自己的人生价值,到做大时,国家又给了这样好的环境,我们确实有为国家、民族做事的想法。"其实,联想的"产业报国"与格力提出的"工业精神"本质追求的东西是一样的,都是要求企业沉下心来,做好自己的产品,从整个人类、整个国家、整个行业的大局去考虑企业的发展,而不是单纯从利益角度出发。

联想以家用电脑为自己的主打业务,但也涉及其他方面。不过只要联想决心涉及的项目,他们都会用一种执著的"工业精神"来对待,绝不是"跟风"地追逐眼前的暴利,而是努力将它视为一种事业,一定要做出点名堂。

联想积极拓展自己的手机业务,在不断求变的同时,坚持住了多年来在研发、品牌、品质及售后服务等方面的不断积累,坚持住了走差异化竞争的路线，从而也保持住了企业稳定的市场表现。有人问："现在很多人都走捷径，而联想却还是花这么大精力做产品，成本肯定要高，你们这样做，就不怕吃亏吗？"联想给出的答案是，有些亏是该吃的，做企业就要为最终的用户负责。未来会证明，联想手机现在吃的"亏"，将来会赢得更大的回报。

联想认为，要在手机行业取得长期发展，不能过于浮躁；如果单纯追求速度，追求一时利益，有可能为以后埋下隐患，甚至带来更大伤害。联想手机会在一些工作上坚持不懈做下去，以不怕吃亏的"工业精神"来应对市场。

"工业精神"一直是我们倡导的优秀精神，它是奉献精神的体现，也是大局观的最好诠释。衡量一个企业的价值不在于它赚了多少钱，在于它对社会、国家、行业做出了多大的贡献。一个信奉"工业精神"的企业，也许它暂时会吃点亏，但未来它一定是最大的受益者。

3.诚信经营是格力的终极追求

参天大树屹立不倒靠的是根的支持，凌云高楼气势撼人靠的是坚实地基的支持，然而企业长盛不衰靠的是什么支持呢？说到底那就是诚信。

在董明珠看来，浮夸精神和投机心理不可能成就优秀的企业，诚信经营才是格力的终极追求。格力要静下心来苦练内功，做好品质,用真挚的心赢得用户和用户的信赖,让格力成为一块真正的金字招牌。

多年来,格力一直奉行诚信经营。

面对市场中服务战、价格战、概念战、渠道战的一片嘈杂吵闹时,面对国内外很多企业盲目扩张、急速并购、大玩资本运作时,格力没有随波逐流,而是再次表现出了坦然诚信的风范。格力本着对国家、对社会、对股东、对用户、对经销商、对合作伙伴的诚信,坚决抵制服务战、价格战、概念战的炒作,拒绝短期商业利益的诱惑,以坦然冷静的心态潜心研究技术创新和工业制造。

2005年10月1日,格力对外宣布:格力空调整机6年免费包修,成为全球家电业售后服务的最高标准,这是格力对自己质量的一种自信和承诺,更是对社会诚信的一种升华。

1995—2006年,格力累计向国家和地方缴纳税收超过35亿元,之后,每年都有所增加。2000年至2005年,格力连续5年进入国家税务总局有关部门评选的"中国上市公司纳税100强",并排在家电行业的首位,再次彰显了它对国家的诚信。

格力不但对用户诚信,对国家诚信,对自己的股东也坚持诚信。格力一直以来注重保护股东的利益,1996年上市以来,格力在股市共募集资金7亿多元,累计分红超过14亿元,董明珠说:"上市公司一定要代表股东的利益,珍惜股民的投资,为股民提供尽可能多的回报,做企业、做产品,首先要从做人开始,做一个诚信的人,这样才能做一个诚信的企业,打造一个有信誉的产品。"

1996年,是空调价格战打得最激烈的一年。格力没有跟风,反而发出通知,决不允许擅自降价,如果以牺牲安装质量和售后服务为代价,格力宁愿让出市场。但在年终,朱江洪却宣布了一个意外的决定:拿出1亿多元利润按销售提成2%补贴每位经销商,一些早已认裁的经销商感动得无以言表。格力对经销商的"诚信"以待，让他们感动不已。格力董事长朱江洪说过："格力赚钱就要让所有和格力合作单位都赚钱，不让一个人掉队，不让一个人亏损。"

2004年3月24日，海关总署公布了进出口企业"红、黑名单"，格力成为空调行业唯一进入"红名单"的企业。这么多年过去了，"诚信"已经成为格力的企业文化，经过多年的考验和积累，也已经成为格力的一笔宝贵财富。

有人说商业社会，利益至上。这话一点没错，但一个企业想要铸造百年品牌，在追求利益的同时，必须要诚信经营，将对用户，对合作伙伴、对社会的责任心和爱心永远放在利益之上。

GE(通用公司)是美国的企业，曾经位列世界500强之首。GE也主张诚信经营，他们将诚信放在了企业经营的第一位。GE认为，诚信意味着永远遵纪守法，不仅要遵守法律条文，而且要遵守法律的精神。更重要的是，GE还看到了诚信远远不只是个法律问题，而是企业一切关系的核心。

诚信是根本上凝聚起整个公司的核心力量，是联系起人与人之间关系的纽带。GE把诚信看作是公司价值观得以运行的基础，是重中之重。有了诚信，GE内部的关系就会和谐融洽，与用户之间少了猜忌。所有人有了高度的一致性，共同为一件有价值的事奋斗。相反，如果少了诚信，GE就没有了灵魂，没有了文化。

由于有了诚信，GE取得了成功。相反，那些不讲诚信的企业，却永远在世界的版图上消失了，比如说美国的"安然"和日本的"雪花"。以安然为例，20世纪90年代以来，安然公司长期固守于不切实际的增长目标，鄙视企业文化管理的合理性，放弃诚信经营、以人为本、团队合作等企业文化管理理念,最后酿成了不可挽回的结果。尤为严重的是,因为放弃诚信经营,甚至出现了许多安然董事会成员不顾职业道德,长期以来对公司运营中出现的问题熟视无睹甚至有意隐瞒,一方面鼓吹股价还将继续上升,另一方面却在秘密抛售公司股票。就是在这种恶性循环的促使下,安然公司的破产成了必然。

在市场经济时代,诚信是一个企业赖以生存的根本品质,然而,当我们身处在尚不规范的市场环境中时,诚信已成为一种稀缺的资源和时尚的标签。以诚相待,童叟无欺的商业古训被四面涌动的投机取巧、急功近利、浑水摸鱼的浪潮所淹没。我国著名经济学家吴敬琏、厉以宁在痛斥诚信缺失的社会现状时大声疾呼:"一个国家诚信体系的崩溃,不仅会损害国民经济和国民消费,还将对整个社会体系形成深远的影响,将造成人情淡漠,人性扭曲,道德沦丧!"

4.正和博弈,双赢策略

格力总是充当很多行业游戏的制定者,但行业游戏规则的设定并不容易,而新规则出来后,如何让其他人接受就更不容易了。有时新规则实施后,会受到褒贬不一的评价,但不管结果如何,格力的很多游戏规则还是可以推行下去的,这就足以证明它的成功。

格力的各项新规则能推行下去的一个重要原因就是,格力的管理者奉行"正和博弈"的经营理念。"博弈"通俗说就是下棋,你走一步,我也走一步,你想吃掉我,我也想吃掉你。但在企业的经营中,"正和博弈"是指通过相互合作让外部市场做大而取得共同的利益增长，而不是谁把谁吃掉，这是一种"互惠互利"的经营策略。

格力从一个只有两万产量的小厂发展成今天中国空调业的"隐形冠军"，这其中始终贯穿着董明珠"正和博弈"的经营哲学。董明珠曾经说过："面对市场这盘棋，应该如何在一个必须力求走和的棋局里，以步步高招实现正和博弈。不是相克而是双赢……棋行天下，并非统一天下，而是和所有人一起走下去。"

其实，"正和博弈"也可以理解成"双赢"战略。"正和博弈"的首要任务是寻找志同道合的人。企业之间，能否达成合作关系，最基本的应该是彼此之间有无共识，而这个共识的存在是需要前提的，比如说彼此间的经营理念和价值观是否相同，如果经营理念和价值观都不同，那就很难谈得上合作，更不能实现双赢了。

由于格力一直坚持"正和博弈"的经营策略，所以董明珠在刚刚上任经营部部长的时候，就敢于"开除"傲慢的大经销商。在她看来，双方不朝着共同的方向努力，是不可能绑在一起，干一番大事的。在经营格力的过程中，董明珠有自己的经商法则，她说："应该控制大经销商而不是被大经销商控制，所有的经销商都应该平等竞争，按照规模上线享受待遇。"可是有一天，一位年销售额达到1.5亿元的经销商来到格力，要求特殊待遇，语气中还透露着不可一世的傲慢。董明珠没有受制于这位大用户，反而给出了狠狠一击，将其开除出格力的经销网。当时董明珠才刚刚坐上销售经理的位置不久。

董明珠之所以这么坚决，就是因为这位大用户的行为与她的经营理念相悖。很多空调企业总是纵容自己的大用户，允许他们跨地域经营，这样一来当地的小经销商就根本无法与之竞争，市场被搞乱自然成为意料之中的事。董明珠不会做如此亏本的生意，她宁可失去一个大用户，也不愿意因此而扰乱整个市场，让自己和其他经销商的利益受到损失。如果那样，双方不但无法"双赢"，还会走向

"零和"。"零和"与"双赢"不同,"零和"意味着有输有赢,一方如果赢了,另一方就一定是输,这样一正一负,成绩永远是零。"零和"不是现代企业经营追求的目标,它不利于企业的可持续发展。

对于不符合格力"正和博弈"经营理念的合作伙伴,董明珠绝不手软,有时甚至不惜使用法律手段。1999年,山西一位经销商给格力一张100万的汇票上少了一个字,当格力派人去找这位经销商时,经销商却把汇票抢走了。同样的事情其实在1998年已经发生过一次,当时,格力付诸于法律手段解决了问题,将那位经销商告上了法庭。最后慑于法律的威力,那位经销商不但当面赔礼道歉,还补齐了相应的货款。没想到一年后,相同的戏码又重演了,格力当然不会妥协,他们依旧动用法律武器解决问题,维护了自己的利益和其他经销商的利益。

有人说董明珠很强硬,很霸道,眼睛里容不得一粒沙子,那是因为她想让合作双方都有利可图,如果对方破坏了她奉行的"双赢"理念,她是不会讲任何情面的。

利益永远是矛盾的集结点,对国家之间、企业之间甚至人与人之间,无一例外。而"双赢"的结果是所有方面追求的最好结果,也是最有利于合作继续进行的结果。"商场上没有永远的朋友,也没有永远的敌人,只有永远的利益。"

富士康是世界上最大的电子代工工厂,被誉为"代工之王"。富士康的掌门人郭台铭在经营企业的时候也重视"双赢"。郭台铭奉行"梯子哲学",宗旨就是倡导企业要抱着互相帮衬,实现"共赢"的经营理念,让合作双方都受益。郭台铭认为,企业必须相互帮衬,这样才能一起走好。尤其是合作伙伴之间,必须相互帮衬,否则根本没有办法长期合作。

当年，富士康为同奇美进行策略上的联盟，郭台铭亲自南下与之洽谈，考虑到双方都有得赚，合作很容易就达成了，结果双方确实都赚到了钱。在台湾，富士康的主要竞争对手是广达、英达、神达、大众等代工企业。但广达接到苹果、康柏的订单，英达接到康柏的订单，大众、神达接到康柏的订单都是郭台铭介绍的。在郭台铭看来，没有永远的对手，也没有永远的朋友。双方之所以能合作，关键就在于他们都能获利。试问有谁会做没有利润追求的生意？如果企业经营者总是想单方面获得多的、不合理的超额利润，企业是很难经营下去的，这不符合企业经营的基本原则。

现代企业的经营管理，不再是"你死我活"的拼死较力，而是更高层次的合作，现代企业追求的不再是"单赢"，而是"双赢"和"多赢"。

5."实"文化是格力的根基

每个企业都有自己的企业文化，企业的实际情况不同，企业文化也不尽相同。自格力成立伊始，公司高层领导就确立了"忠诚、友善、勤奋、进取"的企业精神，并与时俱进，结合公司的发展战略，先后确定了"勤奋、务实、创新"的核心价值观，不断丰富和拓展以"实"为核心的企业文化。

格力独特的企业文化支撑着格力始终如一地追求卓越、勇于创新，提高人类生活质量，促进社会进步，为社会创造最大财富。格力的核心价值观也在格力成长过程中获得凝练、调整和提升。

格力发展初期，格力的高层领导强调广大员工要忠于国家、忠于企业、忠于用户，友善待人、勤奋工作、不断学习、积极进取，通过打造优质产品来满足用户、树立口碑、赢得市场。

随着格力的发展壮大，公司领导大力提倡"少说空话、多干实事"的务实态度，并基于企业长远、可持续发展，提出"吃亏的工业精神"，要求员工脚踏实地，真抓实干。

基于国际化战略和建立"创新型"企业的构思，公司领导将长久以来倡导的"创新"提升到新的高度，作为企业发展的核心价值观，鼓励员工尊重科学，勇于创新，遵守制度。但要善于突破、脚踏实地、努力向上，使员工通过创新创造更大的价值，同时也实现自身的价值。正是不断开拓，致力于技术管理和营销创新，从而成就了格力现在的辉煌和广阔的未来。

做企业就是做人，做人就要诚实、守信、廉洁、创新、互相尊重，而这些都是格力"实文化"的精髓。

"实"体现在格力的公司战略上就是实事求是，求真务实、心无旁骛地坚持专业化和稳健的发展之路；在市场经营上反对虚假宣传，实实在在地透过优质产品来满足用户需求、树立良好的口碑，赢得市场；在工作上树立脚踏实地、稳抓实干、多做实事、少说空话的工作作风；在员工身上体现为保持优良品德，"做诚实人、说老实话、干实在事"，杜绝弄虚作假。

"信"就是信念、信任、诚信、守信和信义。打造优质的产品，为人类提供更为丰富舒适的生活环境，是格力全体员工的坚定信念。

诚信是格力的经营理念。对用户诚信，不拿用户做实验品，用高品质的产品和服务满足全球用户的需求；对经销商、供应商的诚信，实现结成战略伙伴关系，实现多方共赢的局面；对股东诚信，慎重决策，努力为股东创造更大的价值；对相关方诚信，坚守信用和道义，依法纳税,构建和谐社会,主动承担企业公民责任,为国家、社会做应有的贡献。

格力的企业文化反映出来的更多的不是管理理念,而是做人的理念,这也是格力文化最有特色的地方。格力的企业文化以"实"为基础,延伸出"信、廉、新、礼",这种外拓内敛的求实文化,紧密结合中国改革开放的实际情况和全球化发展的潮流。

"廉"就是指廉洁奉公,严于律己。企业是员工发展的平台,企业的发展决定员工的前途和出路。只有企业发展,员工发展的空间才能更广阔。只有全体员工廉洁奉公、克己为人才可以形成强大的动力,形成良好的企业精神风貌,为共同的目标努力。

"新"就是创新,开拓进取。格力一直在进行技术、管理和营销创新,从而不断创造成绩。在格力,是通过建立奖励制度来鼓励创新的。格力要求员工尊重科学但要勇于创新,遵守制度但要勇于突破,要脚踏实地地努力向上,创造更大的价值。

"礼"就是尊重、平等、友善、团结和协作。格力的人力资源理念是"以人为本",于是建立起了尊重员工的人际氛围,并且建立了全程式"任人唯贤,人尽其才"的人力资源体系,要求员工对同事、用户、相关人员以礼相待;尊重领导;令行禁止;团结同事;精诚协作;平等处事;友好待人。

格力独特的企业文化,支撑着公司能始终如一地坚持追求卓越、勇于创新,提高人类生活质量,促进社会进步,为社会创造最大财富。

6.企业必须有使命感

关于企业的使命，一千个企业就有一千个答案。在比较众多答案后，格力总裁董明珠的回答很值得思考。董明珠说："我们跟外国人谈判，他们说要什么，我说不行，现在要按照我的标准给他做。为什么？因为这里面有很多都是我自己的核心技术。我要出的是我的品牌。我们中国人不是欣赏宝马吗？我们要叫德国人欣赏格力。"

彼得·德鲁克说："企业的永续经营不是依靠某个人的直观感觉，而是建立在一套简单、明确、深刻的事业理论之上。为此，需要企业超越一个人或是一代人的生命局限的持续性，需要把资源投入一个更长期的未来，企业必须对现在和未来承担应有的责任，这就是企业所担负的使命。"

董明珠在还是一个小小的业务员的时候，就表现出了与众不同的一面。这一面体现在她的使命感上。其他很多格力业务员只是千方百计地把货卖出去，不会去想他人的感受，更不会去想货卖出去之后的事，而董明珠的使命感告诉她，不是简简单单地将空调卖出去就好，真正好的营销策略，不仅仅是要把货卖出去，把钱挣回来，还要思考工厂和商家之间能不能通过合作达到利益的一致，只有这样，格力的生意才能做得更稳固和长久。为此，董明珠在工作的时候，不但要积极维护用户的利益，还要维持好与经销商之间良好的合作关系。就这样，董明珠到格力没多久就成了格力的"王牌推销员"。

董明珠进入格力的领导层后，她的使命感依旧很强。而最后，她将自己的使命转化成了整个格力的使命。格力要做品牌、世界级的品牌，做屹立不倒的品牌，这就要求格力要积极培育市场，要把"为用户创造价值、为员工创造机会、为社会创造效益"的企业文化渗透到渠道中去。只有这样，格力才能得到长远的发展。

反观那些缺乏使命感的企业，他们是市场的投机者和赌徒，他们在市场经济大潮中肆意地胡作非为，注定他们要被历史所抛弃。我们可以回顾一下，多少曾经红极一时的企业和企业家没能继续其风采，彻底地退出了历史舞台。

既然使命感对于企业如此重要，为什么还有这么多企业无法树立自己的使命，进而被市场淘汰呢？实际上，在很多中国企业中解释"使命"这一命题可能面临一些困难，原因是作为企业战略发展的掌舵者，很多中国的企业家在制定企业的远景规划时，由于所有制等方面的原因，常常会带有浓厚的个人色彩。而这种个人色彩则会对企业使命的形成带来极大的影响。很多中国的企业家不能理解个人会对企业使命的形成带来极大的影响，有时候也不能够理解企业是人类社会有机的一环，而仅仅把企业视为一部赚取利润的机器而已。可事实不是这样的，使命感对于一个企业是非常重要的，企业不应该被金钱所蒙蔽，而忽略了自己的使命感。

什么是企业的使命感？它指的是由企业所肩负的使命而产生的一种经营原动力。使命感源于对一种使命的坚持，是因坚持使命、履行使命而产生的精神动力。公司建立自己的使命感，使公司决策、经营战略等都围绕着使命展开，这样的公司会很快成功。如果迷失了方向，企业就会在毫无作为中耗尽自己的精力，走上一条不归之路。实际上，很多中国企业正是缺乏这种使命感，故而没有明确的目标，没有前进的动力。

很多企业上市是为了圈钱,而阿里巴巴的创始人马云说:"我们要做80年的企业,反正你们待多久我不担心,我肯定要办80年。直到今天我还在说我不上市,所以很多人,为了上市而来的人,他就撤出去了。所以提出80年就是要让那些心浮气躁的人离开。"到了阿里巴巴5周年庆的时候,马云又提出了一个新的目标:阿里巴巴要做102年的公司,诞生于20世纪最后一年的阿里巴巴,如果做满102年,那么它将横跨三个世纪,阿里巴巴必将是中国最伟大的公司之一。

当初马云为什么不让阿里巴巴上市?为什么提出做102年的目标?因为他有使命感。他做企业不只是为了赚钱,而是树立一个民族企业的品牌。马云说:"一个企业为什么而生存?使命!102年的任务不是我一人就能完成的,就像接力赛,必须要几个人甚至几代人共同完成,我认为自己跑的只是第一棒。我参加过很多世界性论坛,全球大企业的CEO讲的就是这些东西,而中国的企业都不相信。正是这些刻骨铭心的错误,促使我提出价值观、使命感和共同目标。"

总之,使命是企业成长的原动力。心胸有多宽广,事业就有多大,创造财富的过程同样如此。也许很多企业家创业时并没有什么远大的使命和理想,大多是为解决生活的贫困,但正是这些基本的需求促使这些精英们萌发了做一番事业的初衷。不过,仅有上述动机,企业还不可能做大,不可能走远,更不可能成为一个世界级的百年企业。只有那些富有使命感的企业,才能改变人类的生活,才能创造一个新的商业时代。

7.一个有责任的企业要造福社会

格力清楚,慈善事业是企业社会责任感的一部分。在慈善事业方面,格力的董事长朱江洪与董明珠总是身体力行。

董明珠在2007年不到一年的时间里,相继捐助15万元给两名白血病女孩,资助了32名失学儿童,为西部助学捐学30万元稿费。同年,她还捐出10万元稿费,作为多贫困地区的白内障老人的手术医疗费。董明珠表示,作为企业家不仅要赚钱,还要有社会责任感。随着我国逐渐步入人口老龄化社会,每年新增白内障患者近100万,每年500万患者中有近40万人最终致盲,而许多贫困家庭的白内障患者因缺乏医疗费得不到及时救治,给家庭带来了不幸,而自己的力量是非常微薄的,希望自己的行动能唤起更多人的爱心参与。2008年4月,董明珠出资数百万建立了"山东大学董明珠教育基金"……

在董明珠等人的影响下,格力上上下下也形成了"人人有爱心,争相献爱心"的良好风尚。

首先,格力的社会责任感体现在救灾上。

2005年,格力向印度洋海啸灾区捐赠100万元,向珠海市禁毒基金会捐赠140万元,为珠海困难基金捐款33万元……

2006年4月,格力山东公司决定在未来5年,每年出资20万元用于资助沂蒙山革命老区的一个红色革命山庄。7月,台风"碧丽斯"袭击粤北、粤东,格力捐款600万元救助灾区。8月,重庆市出现了50年一遇的特大干旱灾害,格力重庆公司和员工慷慨捐款20万元,支援重庆灾区抗旱救灾行动……

2007年1月,格力向珠海市捐款100万元,指定用于斗门镇小濠冲村东升商业广场建设,以帮助这一珠海贫困乡村……

2008年春,南方地区遭受冰雪灾害,格力捐款1200万元用于救灾与灾后重建工作……

其次,格力的社会责任感还体现在了对"孤儿空调"的态度上。

据悉,近几年来,空调行业因残酷的市场竞争,品牌已从当初的400多家锐减至今天的20来家,导致众多用户所购空调成为无人维修且诉之无门的"孤儿空调"。面对"孤儿空调"维修难的问题,格力再一次挺身而出,主动表示愿意承担对深圳地区现有"退市品牌空调"进行免费上门服务,免费全面检测和提供专家维护服务等工作,为用户切实解决了生活难题。

再次,格力的社会责任感体现在了股市上。

格力是上市公司,他们也一直按照上市公司规范的行为去运作。从不违背上市公司的相关规定,也不像很多上市公司一样将上市作为摇钱机器。当初,格力募集的资金不过是7个亿,到现在格力给股民的分红已经超过了16个亿。在这一过程中,格力净资产从1000万元上升到了30亿元。

最后,格力的社会责任感体现在了对底层人民的关心上。

董明珠是人大代表,在2007年的两会上,她提出了两个议案,其中之一就是关注"留守儿童"。她认为作为企业家，在围绕自身企业的利益提出提案的同时，也要表现出对社会的高度关注。她对如何解决农村"留守儿童"提出了3个建议：一要积极落实中央精神，加强社会主义新农村建设，大力发展农村经济；二要改变现有的户籍和教育制度，因为这些制度的存在让"留守儿童"无法在城市中享受教育等公共资源；三要发动全社会的力量，来关心这个问题。这个问题不是靠单纯某几个组织和某几个人的力量就能解决的，需要全社会的广泛参与。

如果一家企业不具备社会意识，即便它成为全世界最大的企业，它也不会受到尊重。

微软是世界上最知名的软件公司，它的创始人比尔·盖茨也是一个积极承担社会责任的企业家。很多人知道，比尔·盖茨创立了基金会，目的就是为全世界所有需要帮助的人提供帮助。自从他的基金会成立以来，所捐款项有数百亿之多，有时当年的捐款数额能超过世界卫生组织。他和妻子梅琳达行善的足迹也遍布世界100个国家，他的财富被用于解决当今世界最迫切的问题：贫穷、无知与疾病。

在比尔·盖茨的影响下，微软公司也积极履行自己的社会责任。自微软成立以来，他们在慈善、就业、员工保障等方面为社会作出了突出的贡献，是世界上有名的"慈善公司"。微软大中华区副总裁及微软全球副总法律顾问刘凤鸣在接受记者采访时就曾说过："履行社会责任，微软义不容辞。"除了那些大的方面，微软在很多细节方面，也表现出了他们的社会责任感。刘凤鸣说："在我们微软，提倡E-mail，能不打印就不打印，用过的纸张背面能利用就利用，比如用来贴发票；更大的方面来说，就是从我们的产品设计方面来减少能源消耗；虽然说软件是无污染产业，但也是能源消耗不小的产业。如何从软件上来做到减少能耗，这对人类的贡献是很大的。微软正在考虑这方面的工作，我们有能力，也有义务去实行环保目标，为此微软成立了专门的部门来研究这个问题，由专人负责。"

今天，提起微软，很多人都会竖起自己的大拇指。人们这样做，不是因为微软的公司规模大，名气大，赚钱多，而是因为他们为社会作出的贡献大。

企业不能为了眼前的和局部的利益，而做出一些不负责任的事情，应该树立长远的、整体的大局观，为企业的发展谋求更加稳妥、健康的道路。

第九章

宁可自己培养人，也不要挖来的人

1.忠诚比能力更重要

格力选拔人才的标准，忠诚被放在第一位，然后才是敬业与能力。

格力是一个不怎么喜欢"挖人"的企业，这也与他们的认识有关。格力认为，企业需要的人才，应该尽可能地自己培养。市场竞争造就了不少人才，一些企业不想花钱花工夫培养，喜欢用摘桃子的办法到其他企业拉人，格力把这种行为上升为职业道德缺乏的高度。

正因如此，董明珠曾自豪地说，"这些年来，我从未收留过一个跳槽到格力的人。"

之所以这么做，与格力对人才的"忠诚"度要求有关。因为从长远来看，挖人的负面影响非常大：挖来的人不会长久。一个人能被你挖来，就能被别人挖走，除非企业满足他的一切要求，而这在事实上是办不到的。

对此，董明珠就是一个最佳的案例。

任经营部长之前，那个挖走格力大批业务骨干的公司老板点名要董明珠，并开出了丰厚的条件，没想到被董明珠婉言拒绝了。

2003年，一家民营企业老板以5000万元的年薪来挖董明珠，也被她一口回绝。

董明珠是这样认为的：韩国、日本为什么经济比我们发达？因为他们的员工都把公司当作自己的家来爱护。他们并不认为为公司多做点事就是损失，相反，如果他们能够多为公司作点奉献，他们会非常高兴。在他们的意识里，公司这个大"家"好了，他们个人的小家才会跟着好起来。反观我们身边的一些人，只要牵涉到利益的事情，一切都以自己为目标，能多拿就多拿，能少干就少干。这种工作态度，工作精神，怎么可能把企业做大，做强？

朱江洪也曾经针对职业经理人对企业的忠诚度和道德操守问题发表自己的看法，他认为"中国的企业总是死在扩张上，其中一个原因是经理人忠诚度不高，能捞就捞。"为此，朱江洪举过一个例子：格力曾经有一个意大利用户，每次谈判总是把价格压得很低，这让朱江洪很恼火。有一次对方签约之后告诉朱江洪，回去之后他就要辞职了。朱江洪很惊讶，不明白为什么对方都要辞职了，还要跟他讨价还价。意大利用户告诉朱江洪，干一天就要负责一天。

这件事情给了朱江洪很大的启发，也让他看到了员工忠诚的重要性。

忠诚不仅是一种道德品质，也是一种职业生存方式，更是优秀员工迈向卓越的必经之道。因此，我们每个人无论在什么岗位，从事什么工作，都应以忠诚为前提，一心一意做事情、谋发展。

阮大伟最近很郁闷，他思前想后，就是不明白自己为什么无缘无故被老板炒了鱿鱼。是自己的业务能力差？不会吧，自己能力突出，才华出众，是单位公认的业务骨干，去年年底还受到了总公司的表彰。是自己业绩不够突出？应该也不会，单位里自己的绩效首屈一指，好多同事暗地里求他指点一二。是自己没有处理好人际关系？好像更不会，因为他平时能说会道，大方随和，对领导更是礼貌有加，人缘不会太差。这究竟是为什么呢？

为此，阮大伟找到了平时关系不错的部门经理王某一探究竟，王某告诉他："怎么说呢，你的确很优秀，是个人才。但老板知道你在外面还有份兼职，经常利用工作时间干私活，老板认为与能力相比，忠诚守信对公司更重要，所以……"

阮大伟恍然大悟：怪不得老板前几日无意中问起自己是不是在外做兼职，当时还认为在干好工作之余，为自己谋点"外快"没什么大不了，殊不知断送自己职业前途的，正是对企业"不够忠诚"的这块短板。大伟追悔莫及。

职场中的"热门选手"大都是业绩优异的员工，但在老板眼里，有一种东西比工作能力更重要，那就是对企业的忠诚度。美国心理专家罗伯茨·希姆指出：在聪明和忠诚面前，老板的选择永远是后者。因此，千万不要自作清高，认为只要做好分内工作，达到出色业绩，就能升职加薪，高枕无忧。如果在平时工作中，老板感觉你卖弄小聪明、不值得信赖，不管你如何天赋异禀，也无法获得更高职位；要是自恃能力突出，劳苦功高，利用工作之便为自己"揽私活""谋福利"，其结果肯定是像阮大伟一样，被老板清洗出门。

现代应用管理心理学普遍认为，老板和员工是一对矛盾的统一体，从表面上看，彼此之间存在着对立性，例如老板希望减少人员开支,而员工希望获得更多的报酬。但是,在更高的层面上,两者又是和谐统一的,公司需要忠诚和有能力的员工,业务才能进行,员工必须依赖公司的业务平台,才能获得物质报酬和满足精神需求。

忠诚不仅是一种道德品质,也是一种职业生存方式,更是优秀员工迈向卓越的必经之道。古今无数的事实表明,任用那些不忠诚的人无异于养虎遗患。试想一个上司或老板怎会对不忠诚的下属有好印象,从而委以重任呢?因此,不管你的才能有多大,学识有多高,都要有忠诚的品格,这样才会把握人生成功的先机。阮大伟只要认识到这点,今后的职业生涯依旧大有可为。

"忠诚胜于能力",这是美国海军陆战队二百多年来最重要的作战箴言,也是世界500强企业选人、育人、用人、留人的重要标准。皇帝需要他的臣民忠诚,领导需要他的下属忠诚,丈夫需要妻子的忠诚,妻子需要丈夫的忠诚。从古到今,没有谁不需要忠诚。

忠诚是员工的立身之本。作为员工,在任何一个公司里,如果你希望得到老板的赏识,得到升迁的机会,第一条法则就是你必须忠诚于他。无论你的能力多么优秀,无论你的智慧多么超群,没有忠诚,就没有人会放心地把最重要的事情交给你去做,没有人会让你成为公司的核心力量。

忠诚是一种美德,也是一种与生俱来的义务。忠诚可以使你在职场中发挥最大的价值,获得最大的利益,忠诚也会让你得到企业的长久重用。忠诚最大的受益人是自己,因为对企业忠诚,你不仅会获得财富和荣誉,还可以不断地充实自己,使自己的价值得到体现。同样,只有所有的员工对企业忠诚,才能发挥出团队的力量,才能拧成一股绳,劲往一处使,推动企业走向成功。一个公司的生存依靠少数员工的能力和智慧,却需要绝大多数员工的忠诚和勤奋。

忠诚既是一种品德,更是一种能力,而且是其他所有能力的统帅与核心。缺乏忠诚,其他的能力就失去了用武之地。任何上司都不会容忍或原谅下属对自己不忠,如果为了一己私利不惜牺牲公司的利益,终究会被职场所淘汰。

忠诚不是一个简单的概念,也不是单向的付出。员工的忠诚不是愚忠,不是简单地为企业效命,而是要首先忠诚于自己的职责和事业,把自己的职责、事业与企业的发展结合起来。另一方面,忠诚固然可贵,但不等于有了忠诚就有了一切,真正的忠诚是有能力的忠诚,是为了自己的忠诚而努力提高自己。

总之,忠诚是为人处世的第一原则。不管你身处何地,不管你是涉世未深还是历经世事变迁、沧海桑田,只要相信忠诚,保持忠诚,坚守忠诚,就能守住你心灵的契约,赢得做人的尊严。

2.人才是公司的资产

企业的"企"字,上面一部分是"人",下面一部分是"止",这就告诉我们,企业的发展关键在于人才。企业有人才,才能发展;企业没人才,或人心涣散,企业的发展就会停滞不前。所以,老板一定要重视引进人才、培养人才,还要尊重人才,善待人才,给他们提供施展才华的机会,这样"人才"才能给公司带来滚滚财源。

部分企业管理者一方面对员工有着很高的要求,另一方面却吝啬对员工的付出给予回报,就好比俗话说的:"既想马儿跑得快,又想马儿不吃草。"这样的人才战略,是不可能留住真正的人才的。

191

在对待人才方面，格力的态度是，只要员工认真工作，一切就都有保障。只要是格力的员工，格力就会对他们的生活和福利负责到底。

企业规模小的时候，总是因为条件不允许，无法为员工提供好的办公环境，优厚的福利待遇，因而会失去不少人才。但随着企业规模的扩大，管理者必须重视人才的待遇，制定相应的福利待遇，让员工有安全感，把企业当成自己的家一样。

在格力刚刚成立不久的时候，由于受资金实力的限制，根本无法满足员工对丰富生活环境的要求。可是当格力具备了足够的实力后，他们第一件想到的事情就是设法改善员工的工作、生活条件，努力为员工提供方方面面的待遇。比如说，格力投入大量资金买进了不少豪华大巴，目的就是接送员工上下班，或者方便员工外出活动。格力还兴建了很多在国内数得上的、一流的技术中心、销售中心等现代化的工作区，以及环境优美、设施齐全、能容纳一万多人的员工生活区，还包括普通员工公寓和一大批文化、体育和生活配套设施，等等。

格力在工资待遇上，走了一条与其他企业完全不同的道路，这也是很多企业在研究格力时，不得不去注意的一点。很多企业技术骨干力量和基层员工之间的薪资待遇差距很大，目的是激发人才的斗志，但格力却没有这样做。他们认为，企业需要不同层次的人才。虽然清洁工的技术含量不高，但是他们的重要性谁都知道。否则为什么哪个企业都要设置清洁工岗位呢？因为只要有一周的时间不打扫卫生，企业就不知道会是什么样了。

所以，格力的董事长朱江洪和总裁董明珠都不约而同地达成了一个共识：企业的成功，是所有人努力的结果，不是部分人努力的结果。空调业虽然属于劳动密集型产业，但对一线工人的技术要求也很高，每一个蓝领工人都是格力空调质量控制的关键人物，如果忽视了他们，就是等于不重视企业的产品质量。格力不能忽视那些基层员工的付出，更不能忽视一线工人的付出。如果一线工人的待遇与管理层等骨干员工的待遇差别过大，就会影响他们的积极性，最后损失的还是企业自身。

基于格力管理者的这种认识，格力流水线上的一线工人的月收入在珠三角地区都是居前列的。而且格力还出台了一个规定，所有新入职的大学生必须有三个月在车间装配线上干活的经历，目的不仅仅是让他们熟悉空调装配的工作流程，更重要的是让他们了解格力的企业文化，体会一线工人的艰辛，只有这样，他们才会在以后设计产品时主动去考虑如何为一线工人的工作带来便利。

对格力而言，很多人才策略绝对不是口头说说而已，而是一定要付诸行动的。格力肯定所有员工对企业的付出，肯定员工的精神需求和物质需求。他们认为，只有物质的推动力和精神的凝聚力融合在一起才能留住员工。只有让员工的一切得到保障，员工才能对企业产生归属感，并且将企业当成自己的家一样，全力以赴地工作。

提高员工待遇，一切为员工着想，让员工把企业当成自己的家，这是企业管理的最高境界。

春秋战国时期，有一次，齐威王和梁惠王谈论什么是宝物。梁惠王问齐威王的国家是否有宝物，齐威王谦虚地说"没有"。梁惠王颇为得意，表示自己国家虽小，但是有能照12辆车子的宝珠10枚。他不解地问齐威王："你们国家那么大，为什么没有宝物呢？"

然而，齐威王说的一番话让梁惠王羞愧万分，无地自容。

齐威王表示，他们国家的宝物与梁惠王国家的宝物不同，梁惠王以珠宝为宝物，而他们国家以人才为宝物。他们国家有檀子大将，守卫南城，楚国不敢进犯；周边12个诸侯国对他们俯首称臣，年年朝贡；他们有盼子大臣，守卫高唐，使赵国七千多户人家在城门之外下跪请求归顺；他们还有种首大臣，把社会治理得很安定，路不拾遗……

后来，梁国国破家亡，珠宝都落入他人之手；而齐国不断强大，成为春秋一霸。

自古以来，人才都是国家兴旺发达的重要因素。唐代著名的政论家赵蕤在他的《长短经》中说："得人则兴，失人则毁。故首简才，次论政体也。"大意是说，创建人和事业，都需要他人的拥护。得到人才就能兴旺发达，失去人才就会失败。

三国时期，曹操谋士云集，但是遭遇了诸葛亮，只需赤壁一战，刘备就实现了三国鼎立；孙权手下人才济济，但是遭遇了诸葛亮，一人战群儒，实现了孙刘联合。由此可见，一个优秀的人才，可以改变一个国家的命运，可以决定一个企业的存亡。所以，老板在经营企业时，一定要重视招揽人才，要把人才当成公司的宝贵资产，用心去珍惜，放手去使用。

3.以人为本，构建"温情文化"

经过十多年的高速发展，格力从一个默默无闻的小厂一跃成为中国空调业老大。在珠海，格力创造的工业产值几乎占据了珠海制造业的半壁江山。

究竟是什么成就了格力今天的辉煌业绩呢？仔细审视格力的企业文化内涵，或许可以从中找到答案。格力的文化内涵是"以人为本"，充满人情味的"温情文化"让格力多年来始终受到员工们的支持和爱戴，始终走在行业的最前沿。

格力的"温情文化"体现在很多方面。

格力从"心"关注员工的生活需求。现如今，很多企业推行"狼文化"，员工体力被严重透支、身心俱疲，而格力则认为，员工是企业立根之本，只有以心换心地善待员工，让员工充分享受被尊重认可，有归属感，员工才会和企业形成"一损俱损，一荣俱荣"的利益价值链条。激发其主人翁意识，保证企业长治久安，稳步前进。

在很多企业里，员工进进出出，非常频繁。相反，格力的员工非常稳定，他们不是被看作打工者，而是格力大家庭的一员。早在20世纪90年代，格力就为员工进行养老、医疗、失业、工伤、生育等全员参保，除此之外，公司还提供各种福利——免费就餐、上下班车、住房补贴、独生补贴、保健费、清凉补助等。格力发展壮大的同时，受益最大的是格力的员工，他们的生活发生了质的变化。近年来员工人均年工资收入保持约9.5%的增长率，2007年一线工人人均年工资收入已经达到了26000元。

2005年格力斥资2亿元建成格力康乐园，园内有为员工提供福利性的单身宿舍、家庭过渡房和亲属探亲过渡房。过渡房由三栋18层双电梯楼房组成，站在楼顶可俯视前山河畔美景和鹅槽山秀丽的山色，作为已婚员工福利性用房，每套过渡房四十多平米，配有全套厨房设备、热水器、饮水机、空调、冰箱、衣柜办公桌等必备家私，每月只象征性收取200多元管理费，居住在过渡房的张师傅由衷感慨"格力康乐园，给我们提供了一个五星级的家"。康乐园还设有足球场、篮球场、羽毛球场、图书馆、游泳池、电影院等员工娱乐活动中心和商场、银行等生活配套设施。格力员工在工作之余,享受到了家一般的生活环境。

格力的"温情文化"还体现在格力为员工提供了足够大的成长空间。格力认为,工作不只为员工提供一个谋生的岗位,更重要的是培养他们自觉的学习能力和进取精神,成为企业和社会的有用创新人才。为此,格力不仅在各个分厂设有培训基地,在总部还建有专门的培训中心,为员工进行文化知识和专业技能等再造培训。如果人们有幸走进格力员工培训中心大楼,会发现每个培训室里都有针对不同受众进行的形形色色的培训讲座,如质量控制、技术工艺、安全生产,甚至文学写作等。在有效的培训机制和长期优秀的企业文化的熏陶下,员工个人才智得到长足提升,行为规范得到扶正优化,工作激情和积极性被充分激发。

与此同时,格力每年对员工进行健康体检,做到"小病早除,大病早治",防患于未然。注塑分厂模具管理员颜涛患脑瘤和肺癌晚期住院期间,工会和分厂领导、员工伸出了援助之手,第一时间为其办理了相关保险申报事宜,积极联系珠海市总工会为颜涛争取补助,并组织员工捐款5万多元。而且为了让他的妻子能腾出时间照顾他,公司特批其妻子带薪长假。颜涛第一个化疗疗程结束后回到租住的家中休养,公司得知其租住的房间小、设施不全且环境相对较差,主动安排环境较好的格力康乐园过渡房让其居住。2007年中秋节和2008年春节,不但同事们争先恐后去探望颜涛,公司的领导干部也纷纷前来探病,给与病魔作顽强斗争的颜涛鼓劲加油。医院专家确诊颜涛只有两个月的生命,但在公司、同事的关心和帮助下,他的生命却奇迹般地延长了一年。

格力的"温情文化"还体现在公司为员工提供幸福多彩的文化生活上。傍晚时分,来到格力员工生活区——格力康乐园,会见到一幅不一样的景象。有的员工在篮球馆里打篮球,有的在棋牌室里下棋、打牌,有的在乒乓球室里打比赛,有的在舞蹈室里练瑜伽,还有的在台球室里切磋技艺。总之,每个人都有自己的节目,都沉浸在欢乐之中。据总裁办工作人员介绍,格力每年会在全公司范围内组织各类体育运动比赛和书法绘画征文、摄影及各类劳动技能大赛。为活跃企业文化氛围,公司内部还成立了书画协会、英语协会、三月文学社、晨曦艺术团、铜棒乐队等社团组织,经常组织员工参加社会公益演出活动及各类比赛,目的就是为每一位员工提供展示自己的舞台。

珠海是一个寸土寸金的现代化城市,格力能在这样的城市中,为员工提供如此大规模的生活社区,是格力用实际行动对亲情化管理和人性化管理做出了最完美的诠释。

显然,"温情文化"会对企业员工产生潜移默化的积极影响,不但会让员工对企业产生归属感,还能让员工与企业同心同德,共同创造企业的美好未来。

4.培养员工的"主人翁"精神

真正意义的人才注重的是自己的成长性及自己的发展空间是否与企业经营理念紧密相关,即对企业的认同感。所以说,企业要想真正留住人才,使人才有用武之地,必须给人才足够的成长空间,让他们在公平公正的环境中发挥自己的才华,真正地将公司交给自己的事情当作自己的一份事业来经营。员工只有树立了这种"主人翁"精神，企业才能有发展的动力。

在树立员工"主人翁"精神这一方面，格力也不乏出彩之处，而具体的表现就是设立"总经理信箱"。

格力设立了"总经理信箱"。该信箱的作用是保持员工与公司领导之间的沟通，使他们能及时发现在生产、经营、管理过程中的问题。然后，在厂务会上由专人将这些意见整理出来，对外公开。朱江洪特别规定，所有领导都要重视员工意见。员工反映的问题，如果核实无误，相关部门必须拿出整改方案予以解决。而且，为了保证信箱不会成为摆设，能承担起它应有的作用，格力派专人负责，并且确保提建议的员工在一周内得到反馈。

格力设立"总经理信箱"不但让员工可以树立起"主人翁"的精神，还让员工与上级领导之间建立起了有效的沟通机制。

其实，设立各种信箱不是什么新颖的管理方法，是很多企业管理常用的方法之一。不过，同格力的信箱相比，这些企业的信箱形同虚设。原因是虽然有员工说出了自己的意见，但企业并没有真正去采纳那些合理的意见，最后信箱也只是一个摆设而已。甚至有的员工勇敢、主动地说出了想法，但建议相关方却认为这是员工在对自己的权威进行挑战。为了保住面子，他们用自己手中的权力对建议方进行打击、报复，最后导致所有员工不再敢主动提出建议。时间一长，企业问题一大堆，不能得到有效的发现和解决，企业最后只能走向灭亡。

为了防止企业因为多种弊端无法解决而走向没落，董明珠升任格力总裁后，立刻在厂区增设了二三十个"总经理信箱"，并且制定了相关政策以保证这些信箱的有效性。信箱增设后不久，效果很明显。许多董明珠等高级管理层察觉不到的地方，或者是根本想不到的问题都通过信箱反映了出来。最后,这些问题都得到了很好的解决。据说,格力后来对中层干部选拔的制度改革,就与基层员工的建议有关。而且随着员工提出的意见被企业一一采纳,很多员工觉得公司确实很重视自己的看法,于是他们在日后的工作中,以主人翁自居,每遇到自己解决不了的问题,或者有必要进行整改的地方都会将建议投进"总经理信箱"。他们知道,只要自己的建议合理,用不了多长时间,就会被公司采纳,然后被落到实处。

其实,对任何一名员工而言,没有什么事情比自己的建议被公司采纳,自己的价值被公司肯定更能令他感到兴奋。所以作为领导,要想培养员工的"主人翁"精神,提高他们的工作热情,就应该让员工积极参与公司管理决策,鼓励员工发表不同意见。如果领导不去考虑多种不同意见,他的思路就会非常闭塞。所以,卓有成效的决策者往往不求意见一致,反而十分喜欢听取不同的意见。

什么是员工的"主人翁"精神?难道一个深爱着企业、对企业有着巨大献身精神的人就是主人翁吗?这仅仅是"主人翁"含义的一个方面,"主人翁"精神对于员工还意味着,他们能对自己的工作以及与己有关的其他事情做主,可以参与到公司的管理之中,向公司提出自己的建议。

现实中,很多管理者习惯了告诉员工要怎样去做,认为让员工自己做主会有很大的风险。但实际上这是一种错误的看法。交给员工一定的责任,"主人翁"精神也就深入人心。可以说,"主人翁"精神是一种创造性的精神,它要求人们运用自己的判断力去解决企业所面临的困难和问题,用自己的责任心、自豪感、自信心及迸发出的巨大热情去创造奇迹,为企业的发展负起自己应尽的责任与义务。

为了培养员工的"主人翁"精神，加强员工之间的沟通，联想于2000年1月5日，开通了"进步信箱"。该信箱设立的目的是提供一个公司各部门与广大员工联系、沟通的桥梁，让员工参与公司建设，对工作中遇到的问题提出建议和意见，促进公司及各部门工作质量的提高，让员工发挥聪明才智、施展抱负。为了确保信箱能发挥好它的作用，联想责成用户关系部负责信箱的具体维护工作。由一个专人负责管理信箱，他会筛选并分发信箱里的建议。而且联想每个部门都设有接纳"进步信箱"的人，负责解答所有有关该职能的信件。公司的要求是7个工作日内必须回复，如果不回复就会受到处分。回复也不是简单地答复几句了事。联想有一套回复的规范：首先，对这个建议的认识；其次，这条建议可不可以落实；再次，落实的具体时间；最后，是否有其他更好的处理方式。

联想的进步信箱是向所有员工开放的，员工可以选择匿名也可以选择实名，而且所有人都可以看得到。每条建议的回复内容大家也可以点开看，还可以在回复上打分。进步信箱设立以后，联想经营中的很多弊端被指了出来。同时员工的"主人翁"意识也大大得到提高，企业有了长足的进步。

总而言之，培养员工的"主人翁"精神，让他们在心理上有成就感，让他们将自己的工作当做事业去做，最终受益的会是企业和员工双方。

5.将"责任感"内化为企业文化

每个企业的企业文化都是不同的,不过企业文化的背后推动并影响企业发展的因素以及途径是一致的。也就是说,文化的内容是个性的,但个性文化中必然包含有共性的因素以及相似的路径来推动企业发展。其中共同因素之一就是:责任。

什么是责任? 责任是一种主人翁意识,是将相关事务纳入自身义务的思想意识。作为一名员工,必须对企业有责任。作为一名公民,每个人都是我们这个社会的组成分子,必须对社会负责任。很难想象没有责任的文化,能在员工之间起到怎样的价值取向与行为指导作用。

格力向来重视企业责任意识的培养和树立,并着力将其内化为格力企业文化,自上而下、自始至终地传承下来。格力人深信,企业的壮大绝不能仅靠行业内的技术领先和管理经验上的先进高效,企业文化是企业发展的软实力基础,而这其中的责任感更是重中之重。

在谈到企业文化对企业的影响时,人们习惯讲企业文化通过内化于广大员工之心,固化于企业制度,践行于员工之行,从而起到一个凝聚全体员工智慧,拧成一条线,劲往一处使的作用。文化的理想境界是达到老子所说的"有为而无不为"。换言之,当企业实现"无为而治"的效果,全体员工习惯性地做着企业文化范畴内的事情时,即是企业文化建设卓有成效的表现。

企业要实现这一管理境界,必须树立责任感。这种责任感包括员工对企业的责任感、企业对员工的责任感,也包括企业对社会的责任感。只有企业将"责任感"内化为企业的文化那一天真的到来了，企业也就达到了"无为而治"的境界。

格力空调的产品品质在国内已经达到了其他产品无可比拟的程度，这不但是企业领导者管理有方的功劳，也是格力员工对企业负责任的表现。一台空调由成百上千个零部件组成，无论在生产还是组装的过程中，只要一名相关人员不负责任，产品的质量就很难保障。可格力空调恰恰用质量赢得了用户的心，说明格力的员工都是相当有责任心的。

员工对格力负责任，格力对员工也很负责任。格力树立了以人为本的经营理念。在格力，员工的每一件小事都是大事。只要是格力的员工，无论是工作上的困难，还是生活上的困难，格力都会伸出援手，给予他们最有力的支持。格力虽然崇尚制度管理，但也强调"家文化"。格力将自己看成是一位家长，家长必须对家庭成员负责，这是家长的职责所在。所以生活在格力这个大家庭的人，每天都备受呵护，不但有归属感，还有安全感。

格力不仅对员工负责，对社会也承担着自己的责任。格力在做大做强的同时，始终不忘从事社会公益事业。从1998年的特大洪水到2003年的"非典"再到印度洋海啸，从青藏高原的少儿活动中心到广西百色的希望小学再到"2004年中国特困大学生关爱行动"，从禁毒事业到支持教育强市再到"碧利斯"台风，都留下了格力无私援助的身影。据统计，格力累计捐款捐物价值已经超过了5000万元，受到社会各界的一致好评。红十字相关人士就曾说过："几乎每次社会捐助和公益事业都可以看到格力电器积极的身影，这充分凸显了良好的企业公民使命感和社会责任感。"

格力一直以来都把"责任"作为企业立足的核心理念之一，从管理层到普通员工每个人都融入到饱含责任感的企业文化中，这也解释了格力对待员工、对待社会的一贯表现。

企业文化的背后是责任，责任是推动企业发展的重要因素。

企业如果要推动企业文化落地生根，让企业文化转化成一种推动企业发展的巨大生产力，就需要在管理中向员工灌输并培养责任意识，并发挥企业文化在企业发展中的积极作用，通过企业文化调动员工的积极性与主动性。也就是说，优秀的企业文化要能激发员工对企业的责任感。

那么优秀的企业文化是怎样激发员工的责任感的呢？

第一，企业要让员工认同企业文化。文化是一种价值追求，一种思想境界，企业文化需要员工树立与优秀的企业文化相吻合的思想境界与价值追求，来指导员工的日常工作行为。企业如果想让员工牢固树立起这样的思想境界与价值追求，必须要让员工真正认同企业文化，继而通过正确的宣传与推进，让员工内心接受企业的优秀文化。

第二，企业文化要能激励员工爱岗敬业。企业文化不是"口头文化"，而是能在实际工作中推动企业发展的生产力。企业作为一个价值组织，有着共同的价值追求，如何凝聚起全体员工的智慧，形成同一方向的合力，服务于企业的战略是企业文化建设的目标之一。所以，企业需要企业文化来激励员工形成爱岗敬业的良好职业道德，尽心尽职地在工作岗位上履行自身职责。

第三，企业文化要能教育并帮助员工养成注重细节的习惯。细节的完成质量往往决定企业战略实现的质量。企业文化要能真正起到促进企业战略实现的目的，就需要企业文化能教育并帮助员工养成注重细节的习惯。优秀的企业文化必须赋予员工勇于承担责任的动力，同时也必须教会广大员工如何去承担责任。责任的承担更多的是需要员工能在自身岗位上尽善尽美，能时刻注意工作细节，从细节做起,把每一个细节解决好。优秀的企业文化建设不仅能正确引导广大员工牢固树立责任意识,更要教育并帮助员工养成注重细节的习惯,在细节处把责任履行好。

第四,企业文化要能培养员工具备良好的社会责任意识。企业来源于社会,必然要回馈社会,所以企业必须树立起良好的社会责任意识,正确妥善地处理好企业与社会之间的关系。这就需要企业善于培育企业的责任文化,通过企业的公益活动等积极回馈社会,从而树立企业良好的社会形象。另一方面,企业必须培养起员工具备良好的社会责任意识,来督促员工亲力亲为地履行企业所应当承担的社会责任。如果不强化员工的社会责任意识,培养员工形成正确的行为职责,企业所应当承担的社会责任就会打上一个很大的折扣,企业的形象就会受到很大的负面影响。

第五,要建立健全企业文化激励机制。企业文化激励机制是企业文化建设的重要内容之一,在确保企业文化的落地生根方面,有着积极正面的意义。正确的激励可以巩固员工的责任意识,因此,行业的企业文化建设要建立健全企业文化激励机制,以正确的激励机制来保证员工责任意识的强化与巩固,从而确保企业文化在企业中落地生根。这也是优秀的企业文化激励起员工责任意识的最大意义所在。

总之,责任是企业文化建设的重要部分。企业只有将责任感内化为自己的企业文化,才能让"责任"这两个字真正地深入人心,真正在企业中落地生根,成为企业前进的积极推动力。

6.好中层决定一切

在中国，很多企业如果取得了成绩，都将功劳归功于一把手，很少提到中层的作用，也很少有人将中层与企业的生死存亡联系在一起。在人们的潜意识中，中层不过是"传声筒""执行者""监督者"而已。难道中层在企业中真的仅仅充当着如此不重要的角色吗？

格力不认同上述观点，在格力看来，中层不但在企业中至关重要，而且"决定一切"。

国企改革已经过去很多年了，同样的机制，同样的条件，有的企业改革后慢慢发展壮大起来，但有的企业却销声匿迹。那些失败的企业将问题归咎在体制上，而格力不同意这种说法。格力的成功经验证明，在市场经济前面，国有企业虽然有体制上的局限性，但重要的问题还是人的问题。

格力也遇到过规模变大，管理落后的问题。但格力很好地解决了，而解决的办法就是强化中层队伍建设。从1998年开始，格力就把中层放在了首位，对中层进行大力培养。

董明珠的"总经理信箱"开通后，很多问题被反映出来，其中焦点多集中在中层干部上。由于中层干部有一部分自主权，于是有的人开始因公谋私，给"听自己"的员工多发工资。至于有些中层干部作风霸道，已经到了欺上瞒下的地步。还有一些中层，以各种借口克扣一线员工的工资。

由于管理上的漏洞，上述问题已经存在很长时间了。有的问题格力的高层领导知道，有的不知道，或者是知道了没有积极地去解决。总之，这些问题的存在导致格力的管理一度非常混乱。

当董明珠知道这件事情后，立刻警醒。她想到，如果中层管理难的问题解决不了，格力就一天也好不了。于是，在格力高层统一意见后，决定对中层进行改革。改革的内容很明确：一是要杜绝暗箱操作，营造一种良好的公平竞争的氛围；二是要使中层选拔更加民主化、透明化。在改革前，格力更多是采取自上而下的做法，各分厂、部门推举出来的人一般会顺利通过中层选拔。而改革后，格力则采取了一种更为公开的方式，使大家都有公平竞争的机会。

格力推出了中层干部公开竞聘方案。通过自荐、提交论文、笔试、面试等层层考核，层层把关，把那些思想素质好、业务能力高、组织管理能力强的人选拔出来。虽然在层层选拔后，很多优秀的管理人才脱颖而出，但董明珠还是不敢放松警惕。她时不时地用自己的理念去影响他们，试图让他们学会善用自己手中的权力。董明珠认为，制度只是一种工具，是死的，而人却是在不断变化的。制度的完美并不能完全控制人性对欲望的追求。即使是通过竞争上岗的中层，能否在以后的实践中兑现自己的承诺，也是一个未知数。毕竟人的职位越高，面对的诱惑就越多。如果自己不能约束自己，"出轨"自然成了非常平常的事情。

格力在培养中层方面可谓是用心良苦，在企业的精心培养下，一大批业务过硬，品格优秀的管理人才走上了领导岗位。此后，格力的管理也焕然一新，走上了快速发展之路。

中层在企业中到底起到了什么样的作用？一个比喻很恰当。如果把一个企业比作一个人，那么"一把手"就是大脑，中层就是脊梁，普通员工就是四肢，而企业文化就是血液。平常里，人们总是习惯于关注一个人的大脑和四肢，却很少把注意力放到"脊梁"或者"血液"这些无法感受到的地方。所以，中层成了被忽视的部分也就见怪不怪了。

但事实上，脊梁才是支撑躯体健康运动的核心所在。没有了脊梁，即使拥有爱因斯坦的大脑，贝多芬的手，也无法让一个躯体健康运动。所以说，中层在企业中的重要性是不言而喻的。他们是企业的中流砥柱，好的中层队伍可以让企业成就辉煌，不好的中层队伍也能给企业带来灾难性的命运。

为了选拔和培养更多的管理人才，很多企业纷纷推出各种方法培养中层干部。

"新干班"是素有"代工之王"的富士康集团选拔和培养管理人员的一种模式，对其他企业也有很强的借鉴意义。每年都有很多应届大学生进入富士康，从他们进入富士康的这一天起，他们就被企业当成中层选拔和培养的对象。基本上，一名优秀的应届毕业生进入富士康成为"新干班"的学员后，都要经过入职培训、现场历练和培育养成三个成长阶段。

第一个阶段是入职培训。在该阶段，学员的学习任务主要是熟悉公司、了解文化，目的是让学员尽快地融入到企业之中。第二个阶段是现场历练。在该阶段，富士康要求学员完成由学生到企业人的角色转换。他们由各业务单位安排到生产现场进行为期半年的实习和磨炼。这是富士康"新干班"最有特色的培训阶段。通过该阶段培训，学员不但学到了很多理论外的知识，还能将自己的特长展示出来。当实习结束后，富士康会根据学员的实习情况，对实习期间表现优异的学员进行奖励，对表现不佳或不能接受企业文化的学员予以岗位上的调整，或延长试用期，或直接予以淘汰。第三个阶段是培育养成。在该阶段，富士康会为考核合格的新干班成员制定一个"一年培育三年养成"的规划：在岗位工作的同时，根据岗位应知应会的要求，进行相应知识技能和态度的训练，一年内达到助理工程师的要求;再用三年时间将学员培育成合格的各类工程师或具备独立处理事物能力、独当一面的管理中层。

现在富士康大多数的中层干部都是通过这种方式选拔和培养出来的,是他们挺起了富士康巨大的身躯,让富士康能够健康前行。

与普通员工不同,中层手中握有不同大小的权力。如果一个员工失误,可能是一个产品或一批产品有问题,损失还算小;但如果那些大大小小的中层出现失误,损失就大得多、严重得多。所以说,企业必须下大力气在中层的选拔和培养上,努力让那些真正具备管理潜质的人走上工作岗位,并且用科学的手法培养他们,让他们不犯错,或是少犯错。

7.接班人关系到企业的未来

接班人不仅需要卓越的才干,还要有良好的德行,他们担负着企业继续稳步发展的责任,也决定着企业未来的生死存亡。

有人曾经问过董明珠:"人家说'新官上任三把火',你的三把火是什么?"董明珠回答:"我没有火,只有培养接班人。因为格力要做百年品牌,从当总经理那一天起,就在培养接班人,从2001年到现在已经9个年头了。说老实话,真的很难寻。"

直到今天,董明珠不认为有一个人能够完全站在总裁的位置。她说:"很多人都很优秀,但只局限于某个领域,因为一个领导人必须具备责任、精神、挑战、执著的能力和素质,才能保证企业持续发展。"董明珠着急培养接班人，她这是防患于未然。她知道自己总要退休，如果是真的对企业负责，那么就应该尽早考虑接班人的问题。

格力有自己的一套比较完善的干部选拔制度，那么在选择接班人的问题上，董明珠是倾向于自己的感觉呢？还是接受制度竞选出来的人呢？她的想法其实更倾向于后者。她认为，通过竞选出来的接班人有两点好处：首先受人为因素影响小；其次可以安抚军心，继任后更能服众。

其实，近年来，董明珠一再强调格力的制度建设，她的终极目标就是让制度来管理格力，让制度来管理格力人。不过在大方向强调制度管理的同时，在一些问题上，她也会灵活处理。比如说，一个经过层层选拔最后竞聘到部门副总的管理人员，曾经深得董明珠的看重。在十分挑剔的董明珠眼中，这个人算得上是一个不可多得的人才。但是就在这个人入职不到一个月，董明珠发现他报上来的发票要比前两个月多。虽然此人是制度选拔上来的，但董明珠还是灵活处理，即刻将他下放到了其他部门中。董明珠认为，接班人的选拔和培养是关系到格力未来的大事情，这个人的人品首先不能有问题。一个企业辨别、培养人才很不容易，平时看一个员工可能各方面都很好，但当他有权力的时候，能不能做得好就很难讲了。接班人一定是今后企业手握重大权力的人，如果他们的品质有问题，不能善用手中的权力，对企业的影响将是致命的。

所以为了将格力打造成百年企业，在培养接班人方面，董明珠格外慎重，既重视制度方面的选拔，也要经过自己的严格把关。

在董明珠看来，合格的接班人必须具备三方面的条件。她说："我觉得第一个是要忠诚，第二个是要有奉献精神，第三个是要讲诚信。如果这几个最基本的要素不具备，即便他的能力再强，对企业来说也可能是一个定时炸弹,所以我觉得忠诚很重要,诚信也重要。你只有坚持这三点,才能带领一个团队,因为你是别人的标榜,别人会以你为榜样,你是什么样的人,你的部下就会以你的行为为标准。所以我觉得这三点对于一个领导者来讲非常重要,因为他要有一种奉献精神,奉献精神实际上就是一种牺牲精神,就是不考虑个人得失,而应该更多地把自己的精力全身心地投入到企业里面,把自己个人的生命和企业联系在一起。我觉得这就是企业的生命力所在。"

总之,一家百年企业不是一代人就可以成就的,需要企业培养接班人。接班人除了素质、能力外,他们的思想意识和品质也非常重要。作为一家国有企业,格力公司对接班人的要求很高,也很全面。格力通过制度筛选和最高领导者把关双管齐下的做法,将那些能力欠缺、对国家没有爱心,对社会没有责任感的人淘汰出局,为企业的可持续发展奠定基础。

企业的接班人是企业发展的关键一环,也是事关企业生死存亡的关键点。企业选择什么样的接班人?如何选用接班人?不仅能反映出企业的发展战略,更是企业人才观的具体体现。所以说,企业接班人的选用过程也是企业人才战略的发展过程,一个企业的领导人如果选用了合适的接班人,不仅是对企业的负责,也是对企业员工负责,更是对社会负责。

忠于企业、继承发展、立足当前、开拓创新通常是对企业接班人的基本要求的首选。而良好的个人品质、丰富的工作经验和经历、卓越的工作业绩、超人的工作能力是接班人的基本条件。一家企业能否继续发展下去,关键就在于对接班人的培养和选拔。

联想集团的创始人柳传志曾经说过:"以我办联想的体会,最重要的一个启示是，除了需要敏锐的洞察力和战略的判断力外，培养人才，选好接替自己的人，恐怕是企业领导者最重要的任务了。"

熟悉联想的人都知道，柳传志非常重视接班人的培养，并且很早的时候就已经开始了。柳传志曾这样说过："在联想的早期，首要的是求生存，我比创业伙伴们对企业的认识要深一些，市场感觉要好一点，因此，那个时期我个人拍板决断的情况要多一些。后来，生存问题基本解决了，企业要求发展，这时我就开始注意培养接班人问题。"

联想现在的领导人，从杨元庆到郭为，都是柳传志培养多年才脱颖而出的接班人。谈起如何培养接班人，柳传志很有感触，他说："我培养杨元庆、郭为的做法，第一要点是让他们逐渐参与决策，参与管理。一方面我们在价值观、思想方法，甚至工作技巧等方面求得一致；另一方面要求他们不能做被动式接受、做传递的'齿轮'，而是要主动思考，创造执行的'发动机'，我可以指导，但绝不代替他们。第二要点就是先把责任权利说清楚，然后放手给他们以机会和舞台，让他们在工作中锻炼成长。"

这些优秀的企业领导者对选拔接班人非常重视，从中不难发现，接班人的培养和选拔是企业工作的重中之重。一个企业选择接班人的方法、标准、机制将直接影响到企业的未来。

既然接班人如此重要，企业应该怎样培养接班人呢？

首先，企业必须坚持以公开透明，竞争择优为原则，坚持从工作需要出发，以素质和技能为导向，做到不拘一格，这样才能广纳贤才，优中选优。

其次，育人是培养接班人的保障。选人是为实用人才做准备，而要想更好地使用人才又必须通过各种方式培养人才。企业应该对不同层级，不同类别的人进行分类培养，这样不仅可以减少成本，还可以提高育人效率。通常，企业建立起逐级培养的选用机制，是保证人才辈出的重要手段。

再次，用人是培养接班人的关键。企业中的领导者要善于用人，给认定的继承人或者培养的接班人以工作场所和工作机会，给他或他们以实现自我、展示才干、体现价值的机会。赋予他们权力，委以他们责任，给予他们压力。

最后，容人是培养接班人的条件。一个企业需要各种各样的人才，作为企业未来的领导者，是否有容人的胸怀，至关重要。容人是企业领导者的胸怀。容人之长，展其所长，用其所长；容人之短，限其所短，避其所短。领导者如果没有容人之量，不能容忍有能力的人超过自己，就不会做到人尽其才，才尽其用。这样的企业领导者如何能有效地使用人才，创造良好的人际环境，带领企业不断进步呢？

总之，在企业的发展过程中，人才的更替是件大事，尤其是有关企业接班人的接替问题，更是大事中的大事，企业必须予以格外的重视。

第十章

"铁腕"女人,书写商界传奇

··

1.初入商海,坚持不懈造就传奇

1954年,董明珠出生在古城南京的一个小巷里。

儿时的董明珠也是一个天真烂漫、爱幻想的女孩,"做老师、当兵",成天幻想着这样的事。有人说,一个人将来是否成功要看他当初的灵魂是否一直在跳动。董明珠说:"小的时候特别想帮助别人,特别想当老师,觉得当老师特别好;长大以后想当军人,这个职业可以保护别人,觉得特别崇高和伟大。"

她这种保护别人的性格受父母影响很深。她的父母都是那种善良、不计较的人。如果没有这样的家庭,也很难培养出不计较的人。

理想与现实之间的距离,让她与军人失之交臂。"那个时候女孩子当兵不是很容易,后来,也就没有能够实现当军人的梦想"。如果人生能够重来,可能今天就少了一个空调业女强人,而多出一位女军人。

没有当成兵的董明珠选择了考学，进入安徽芜湖干部学校学习，毕业之后，回到家乡，进入南京一家化工研究所做技术工作。这一段经历在董明珠灿烂的履历中，平淡无奇。

一个骚动的灵魂，很难满足于平淡的生活。1990年，36岁的董明珠毅然辞掉南京的工作，来到深圳闯荡，将仅仅8岁的儿子留在妈妈身边。此时的董明珠对自己的将来并没有一个明确的想法。她不求大富大贵，只希望能有一个宁静的工作环境，能够安安稳稳地享受生活而已。

开始，她还是干起了老本行，在一家化工企业做管理工作。对于未来，她做梦也没有想到自己会与家电行业打交道并因此成名。

这样的故事，在20世纪80年代末的深圳并不罕见。在改革开放的最前沿，这里有很多类似于董明珠这样的人，他们或是来这里寻求谋生的打工者，或是来这里寻找机会的野心家。

一个临近中年的女性，抛家舍业外出闯荡，让人佩服。像董明珠这样在南方的"吴侬软语"里长大的人，何以有如此顽强的斗志？她又是如何在腥风血雨的空调大战中生存下来的呢？让人难以想透。她自己给出的答案是："我与其他女人不一样，从小就想做点事业。有人说，当一个女人说她的快乐只有在事业中寻找时，内心一定充满了人们难以想象的孤寂和苍凉。但我不这样认为，只有生活而没有工作，人生就没有价值。"

一个偶然的机会，董明珠来到珠海，立刻被珠海宁静的气息和湛蓝的海水深深吸引了。她应聘到了当时名为海利空调器厂的格力电器公司，成为一名基层业务员。

营销在当时还是一个很新的职业，男的跑业务要能吃能喝能侃，八面逢迎；女的要青春貌美，善于"攻关"。看到董明珠滴酒不沾，在饭桌上只喝水，做事原则性很强，不会"同流合污"，一些老业务员禁不住为她担心。商业世界充满了纷乱的欲望和真实的利益，让人无时无刻不在挑战规则和公理，一个有底线和良知的商人，便不得不起身应战。

董明珠刚到厂里的时候，领导考虑到她对业务还不熟悉，安排她先跟老业务员跑一段时间，熟悉业务，为以后"单飞"做准备。

第一次工作，总是会让人记忆犹新。当人们带着生涩和困惑张望着工作中的人情世故时，必然会对其中的一个个情节反复体味揣摩。

董明珠的第一次出差经历了忐忑不安和好奇与期待，也经历了难以忍受的病痛折磨。但是，她仍然咬牙挺了下来，让自己的第一次工作有始有终。

第一次出差时，正值7月酷暑，由于火车里闷热异常，再加上在火车上饿了整整一天，董明珠下车便中暑了，晕倒在旅馆里。和她一起的老业务员手忙脚乱地把她扶到旅馆房间。更糟糕的是，董明珠昏倒时摔得很重，第二天早上，被摔的地方还隐隐作痛，用手一摸，火辣辣，钻心地疼。老业务员看到她的样子，当即决定让她先休息两天，养好伤后再和他们汇合。董明珠摇摇头，坚持和他们一起跑业务。虽然这次出师未捷还挂了彩，但董明珠并不想认输。她知道，万事开头难，出门在外跑业务，磕磕碰碰在所难免，因为这点小伤就叫苦不迭，不要说跑业务，就是照顾自己也困难。最终，董明珠说服了老业务员，跟着他们一瘸一拐地去了北京。

接下来的几天时间里，董明珠每天都咬牙坚持着。她不能错过跟老业务员学习的每一个环节，也不想错过这难得的实战机会。然而让她始料不及的是，几天后，当他们前往沈阳谈业务时，一瘸一拐的她再也熬不住了，她被送进了医院。

检查结果吓了所有人一跳：骨裂！医护人员说"骨裂"很疼，一般人很难忍受。几天来董明珠东奔西走，如果不是特别留意，没有人看出她正忍受着疼痛。这个36岁女人的坚强感染了现场的每一个人。

董明珠骨裂的患处没有办法打绑带，只能卧床休息。但在一个空调销售的旺季，董明珠怎么能躺得住呢？她决定依靠自己调整，每天多睡一点，坐火车就坐卧铺，这时也顾不得省钱了。

初次出差，董明珠就尝到了营销工作的艰辛。要不是她骨子里有一股不服输的精神，她早就垮了。正是因为有这种好强而又不服输的精神支撑着，她才能够在短短的半年时间里，从一个对营销行业一窍不通的门外汉成为一个熟练掌握空调销售市场行情的出色业务员。

董明珠之所以在不到半年的时间里，学会了独自应对营销业务，并做成了300多万元的生意，跟她的刻苦、坚持有关。从第一次出差开始，哪怕是病倒在旅途上，她也从未停止过自己的脚步。业精于勤，董明珠兢兢业业的学习终于为她迎来了独当一面的机会。

半年后，董明珠被派往安徽，负责安徽市场的营销业务。一到安徽，她就发现合肥有一家经销商拖欠了42万元的货款，虽然多次催促，仍迟迟不还。这是前任业务员留下的烂账，董明珠本来可以不管，而且公司当时按照销售额的2%对业务员进行提成，即使她讨回这笔债，自己也得不到一分钱。

但她想，欠债还钱，天经地义，不能就这样算了。

这家公司的经理姓牛，是位微微发福的中年人，任凭董明珠多次上门，依然爱理不理，自己看报品茶，却连水都不给客人倒一杯。用尽了各种推诿手段后，他干脆对董明珠避而不见。

董明珠更犟，天天去"堵"，终于有一天把他堵在了办公室。

她用几乎失控的声音大叫："你要么还钱，要么退货。否则，从现在开始，你走到哪里我跟到哪里，不信咱们走着瞧！"

牛经理被董明珠的表情吓坏了，慌忙答应退货。第二天，格力的货被一件件装上卡车，董明珠坐进驾驶室。货装完后，车发动了。

为了这些货，董明珠讨了足足40天，其中的艰辛和委屈在心中瞬间汇聚。她忍不住从车窗伸出头，对牛经理大叫："从今往后，再也不和你这种人做生意！"

从此，先款后货、绝不赊账，成了董明珠为自己设立的第一条商规。在她手中，再也没有出现过一笔应收款。后来这也成为格力电器在业内独树一帜的规矩。

在当时，整个行业都采用先货后款的代销制。格力本就默默无闻，董明珠还要坚持先款后货。听到这个条件，经销商往往二话不说，就摆手送客。在一次次碰钉子之后，她总是鼓励自己，总有讲诚信的经销商会接受自己的条件，然后依然满面微笑地敲开下一家家电商店的大门。

在安徽淮南有一家电器商店，经理是个中年女人，胖胖的，相貌忠厚，却不乏商人的精明。她被董明珠的勤奋和诚恳感动，答应"先进20万元的货试试，好销再多进，不好销就不要了"。

就这样，董明珠做成了第一笔生意。拿着20万元的支票走出这家商店大门，董明珠眼睛潮乎乎的，她决心一定不能辜负这位大姐的信任。这一次，她不像其他业务员那样签了合同就甩手不管，而是一次次亲自登门，真心实意地站在他们的立场看市场想问题，然后像朋友似的出谋划策。

格力还是个小品牌，没钱打广告，仅仅摆入商店就想畅销很难，久而久之商家也会失去信心。于是董明珠灵机一动，动员经理发动员工，先把产品推荐给他们的亲戚朋友试用。

口碑是最好的宣传。1992年夏天，这家商店进的20万元的空调销售一空，而且又进了一批货。接着董明珠用这家商店的例子对其他商店进行"现身说法"，一张张订单就都签了下来。

格力在淮南卖了240万元，市场被打开了！经销商也纷纷赞扬董明珠的跟踪服务，说做格力的产品最省心、最舒心。同时，董明珠在芜湖和铜陵又打了两场漂亮仗，在合肥、安庆等城市也找到了可靠的经销商。1992年,董明珠在安徽的销售额突破了1600万元,一个人的销量占了整个公司的1/8。

从此,董明珠作为一个传奇在公司里传扬开来。

2.临危受命,扭转管理积弊

当董明珠崭露头角的时候,格力电器最重要的缔造者朱江洪,几经辗转,终于站在了董事长这个重要位置上。朱江洪是学技术出身,接手格力后不久,就让产品在质量上发生了脱胎换骨的改变。事实上,董明珠在安徽的旗开得胜,也跟格力空调质量在这一年脱胎换骨的变化有关。

1992年秋,朱江洪看到安徽的销售额为1600万元,而富裕得多的江苏却只有300万元,于是亲赴华东考察。朱江洪先到了安徽,他发现董明珠是个营销"好苗子"。和大多数业务员不考虑公司利益、只拨自己的小算盘不同,董明珠不仅有责任心和义务感,更难得的是还很有思想和悟性。

在从合肥赶赴南京的车上,路短话长,董明珠详细向朱江洪介绍了自己的营销感悟。她说,真正好的营销政策,不仅是把货卖出去、把钱赚回来,还要在厂家和商家之间,形成稳固、诚信的合作关系,共同为社会和用户创造价值;只有多赢,生意才能做长久,如果不懂得保障他人的利益,最后必然是自己的利益也会失去。这些话说到了朱江洪的心坎里。当时,朱江洪雄心勃勃想成就一番事业,随着产品质量的提高,营销策略跟不上的问题变得越来越明显。从这时起，他便格外看重肯吃苦、愿卖力的董明珠，一次次给她机会。而董明珠则每次都用超过期望的业绩，回报这位厚道仁慈的领导的赏识。

他们很快到了南京，六朝古都繁华依旧，可格力在中国最富饶的市场上却惨遭冷遇。新品牌"格力"已经启用了一个夏天，江苏市场上却依然摆着"海利"牌产品，在强势品牌春兰、华宝的市场攻势下，竟毫无还手之力。于是，朱江洪干脆把江苏市场也交到了董明珠手里，希望她能在这个最火爆的空调市场上为格力打开局面。

1993年，董明珠把格力在江苏的销售额翻了10倍，获利3650万元。加上安徽市场，董明珠一个人的销售额为5000万元，占了整个公司的1/6。1994年，格力在江苏销售额又增长到1.6亿元，与春兰、华宝并列三强，董明珠一个人占了公司总销售额的1/5。

在职场上，老板最喜欢的员工是那些可以放心授权的将才，而不是畏畏缩缩，无法担起大任的庸才。

当时朱江洪正雄心勃勃地想成就一番事业，格力的产品质量不断提高，营销短板却变得越来越明显。从这时起，他便格外看重董明珠，一次次给她机会。而董明珠则每次都勇于接下大家觉得棘手的项目，激发自己的潜能，用超过期望的业绩回报领导的赏识。

就在格力电器蒸蒸日上，开始跻身国内一线品牌的时候，在附近一家刚成立的空调企业的高薪诱惑下，格力电器管销售的副总带着8名销售人员和2名财务人员集体辞职。消息传出后，朱江洪惊讶得说不出话来。但他并没有刻意挽留，他知道，有能力的人固然难得，但只有那些相互理解、欣赏和支持，并能用责任心和使命感时刻抵御诱惑侵袭的人，才能成为相互扶助的事业伙伴。有一个这样的伙伴，也该是多么大的幸运啊！对朱江洪来说，这个人就是董明珠。

1994年10月，董明珠带着3年2亿多元的销售成绩回到珠海格力电器总部。从此，一个企业甚至整个行业，都将因为她而改变。

在伯乐眼中,千里马虽然被圈养在平常的马厩里,但只要抖动缰绳,它就能飞奔起来。在董明珠成功的路上,她有幸遇到了朱江洪。朱江洪慧眼识"珠",把她从营销的业务员队伍中拔擢出来,为她迅速走上管理层、进一步展示才能提供了难得的机会。

董明珠刚回到总部,公司就出现了"集体辞职"事件。之后,董明珠临危受命,被提升为经营部部长。

董明珠得到重用,还有一个非常重要的原因。格力电器是一家国有控股的大型企业,关系网和利益网错综复杂,加上当时管理制度不健全,体制弊端日显端倪,随时都有可能把众人数年打拼出来的大好局面输个精光。朱江洪对此十分明了,但又无可奈何。他为人宽厚仁慈,是无人不知的好心肠。当时身为经理,他"既不抓钱,又不抓人",对这些事他没有兴趣,一律交由副总管,自己全身心抓新产品开发。因此,扭转管理积弊的重担,自然落在了能干又"狠得下心"的董明珠身上。

出任主管营销工作的经营部部长,是朱江洪对董明珠的许诺。然而,董明珠的升迁之路并不平坦。这项任命在公司高层那就遇到了强大的阻力,一些人只同意让董明珠当个副部长。他们心里盘算的是,董明珠做业务员每年销售提成高达几百万元,现在到总部满打满算只能挣几万元,按照常理,舍弃几百万元收入而屈就在营销部当一个说话不管用的"副部长",没有谁愿意接手这个工作。

董明珠的做法总是出人预料。这一次,她不但欣然接受了这个职务,还有滋有味地干了起来。那段时间里,董明珠拼命工作,加班加点,几乎忘记了休息。即使睡梦里,她仍在计划着格力的营销事业。

在这样半梦半醒的状态下,脑子里一出现什么想法,她就会从床上跳起来,拿起本子记下所思所想,甚至还给同事打电话讨论一番。她的努力最终化成了推动销售增长的生产力。

董明珠不光严格要求自己，还严格管理别人。在经营部里，迟到早退、喝茶看报吃零食聊天等，是多年的"传统"了。董明珠一上任就狠抓内勤，把人训得眼泪直往下掉。1994年年底，董明珠不小心摔断了肋骨住进医院，同事们都买礼物去医院看她，董明珠很受感动。可出院的第一天，她照样不讲情面地对违反纪律者进行批评和罚款。

董明珠刚上任，就大刀阔斧地清理欠账，完全实行先款后货的销售政策。此后，格力电器再也没有出现过一分钱的应收款。可是，这仅仅是她跟世俗势力展开斗争的第一步。她发现账簿上的应收款额高达五千多万元，而且很大一部分根本无法追回。譬如济南一家企业明明欠账一百多万元，可是格力电器竟然提供不出什么有效凭证。更令人感到蹊跷的是，连内部由谁负责任都无法查出。

一张宣传单的市场价是0.2元，可格力电器支付的价格竟是0.88元，高达4倍之多；公司斥资450万元在机场租了一个广告牌，居然是背朝着人流方向，只能让神仙看……

面对这不可思议的一切，面对这无处不在的损公肥私行为，董明珠无论如何也看不下去了，她直奔朱江洪那里，开口就要求所有对外财务都归自己管。下级跟上级伸手要权原本是管理的大忌，可朱江洪当即就表示同意。一部分人觉得董明珠太"多管闲事"，阻断了自己的"财路"，于是联合起来要轰董明珠下台。一遇到这种时候，朱江洪总是给董明珠提供最坚定的支持。

在格力电器总部任职的12年，"眼里揉不进一点沙子"的董明珠无时无刻不在与人博弈和拼斗：和不诚信的经销商斗，和公司里有背景的"母老虎"斗，和强硬的公司副总斗，甚至还要和自己的亲人斗。

1995年格力空调货源紧急，一个经销商找到董明珠的哥哥，想通过他的关系进三千多万元的货,并承诺给他2%的提成。哥哥从南京千里迢迢赶到珠海,竟被妹妹无情地拒之门外。从此,兄妹十多年从没来往,家里人也指责她太绝情。

正是因为这一系列毫不妥协的斗争,董明珠被冠上"走过的路都不长草"的恶名。

2001年,多年的积弊使格力电器呈现出极为严重的惰性,销售额连续多年停滞不前,大批员工再也无法容忍腐败和不公,要联合起来罢工抗议。在这样关键的时刻,董明珠又是临危受命。这一年,她被任命为总经理,上任后就快刀斩乱麻般地撤换了一批不称职的中高层干部。一场"大决战"爆发了。那段时间,上级部门接连不断地收到对朱江洪和董明珠的"举报",表情凛然的调查组人员也不断在格力电器匆匆进出。结果,他们没有查出朱江洪和董明珠有任何问题,而格力电器的一位高层干部却因为贪污被判了刑,送进了监狱。

这场"刮骨疗毒"式的洗礼让格力电器迅速走出了停滞不前的困局,企业管理也快速走向了规范。从2001年起,格力电器销售额年年攀升,从70亿元、100亿元、138亿元、182亿元,一直到2005年的230亿元。这一年,格力电器凭着1200万台的销量超越了韩国品牌LG电器,当之无愧地成为空调行业的世界冠军。

格力是一家国有控股企业,朱江洪和董明珠只是其中的经营管理者,并非拥有者或老板。但正是由于他们共同的使命感和责任感,在我国几百家空调企业无法逃脱昙花一现的命运时,没有体制优势的格力电器,一跃成为世界第一。

2006年,董明珠被评为CCTV中国经济年度人物。在颁奖现场,谈到女人当家的诀窍时,董明珠说:"第一,女性要自信,要执著,要坚强,要有奉献精神。作为我来讲,我觉得女性首先不能用性别来作为依赖别人的借口;第二,我觉得我们要执著,我的今天不在乎个人是否富有，而在乎能否给中国社会带来价值。我希望我一生所追求的目标，就是让格力成为世界级的名牌产品，成为我们中国人的骄傲。所以我应该有一种奉献精神。只有这种奉献精神，才可能实现这个目标。"

也许，正是因为董明珠对工作的执著精神和对企业的奉献精神，才有了格力今天的大好局面，才有了人们对她的尊敬和拥护！

3."高调"的董明珠

提起董明珠，这是一个在中国空调界掷地有声的名字。在她身上，发生了很多令人不得不称道的故事。同时，董明珠本人也是一个非常高调的人。

1996年，董明珠带领23名营销业务员，迎战国内某厂家近千人的营销队伍，一举夺得全国销量第一。她还创造出很多"营销模式"，帮助格力在营销上总能高其他企业一筹。董明珠对营销很有见解，可以说她是一个"营销天才"。难道董明珠是学营销专业出身的吗？

恰恰相反，在没有从事销售之前，董明珠一天都没有学习过营销。刚到格力的时候，董明珠只是格力的一名基层业务员，而且那时她已经36岁了。更令人惊讶的是，她本人对营销一窍不通。她之所以选择来格力，仅仅是因为她比较喜欢珠海宁静的环境。

然而就是这个从未接触过营销的36岁女人，刚刚进入销售市场，就凭借着坚忍不拔的毅力，用40天的时间，追回了前任业务员留下的42万元的债款。同时也让她本人进入了格力高层的视线。

当时格力的总经理朱江洪已经因为追回42万元欠款的事情对她刮目相看了。当然，董明珠本人并没有因为这小小的成绩而止步不前，靠着勤奋和真诚，不久后她的销售额就上升到1600万元，并且顺利打开了安徽省的销售局面。

由于出色的销售业绩，朱江洪将董明珠调到了南京市场。南京市场和安徽市场相比，本身就是一个更为庞大的市场，但因为负责南京市场的前任业务员能力有限，格力空调在南京市场没有立足之地。董明珠来到南京后，首先马不停蹄地调查市场，访问用户。因为准备工作做得好，她竟然在隆冬季节签下了200万元的空调单子。谁都知道空调是季节性的产品，冬天是销售淡季，董明珠能在这个时候签下一张大单，让很多同行刮目相看。

发生在董明珠身上的奇迹还没有结束。就在董明珠签下200万元大单的同一年，她的销售额上蹿至3650万元，成为格力真正的王牌销售。

正当格力前线飘红的时候，后院却起了火。一位格力销售主管带领部分骨干人员"集体跳槽"，格力情况十分紧急。而作为格力的王牌销售，董明珠自然也是其他空调厂"招安"的对象。不过董明珠拒绝了高薪的诱惑，选择留在了格力。她认为，做人要讲究原则。她能有当时的成就，不仅仅是她个人努力的结果，也离不开朱江洪的大力支持。做人要懂得知恩图报，而不是落井下石。最后，董明珠留在了格力，并在不久后被推选为公司的经营部部长。而董明珠事业的辉煌也由此开始。

1996年，空调业凉夏血战。董明珠带领自己的营销队伍，打败所有空调厂家，实现了该年格力销售增长17%的业绩，首次超过春兰。此一役，也帮助董明珠迅速登上格力副总经理之位。此后，在董明珠的带领下，格力空调的销售量年年攀升，从1995年至今，格力电器连续16销量和销售收入、市场占有率居全国同行业之首。2009年，格力的销售额一举超过400亿元。

董明珠卓越的经营才能和管理水平，得到了社会各界的好评并屡获殊荣。2003年1月，她当选为十届全国人大代表；2005年11月，再次荣登美国《财富》杂志评选的"全球50名最具影响力的商界女强人"榜；2006年3月，荣获"2005年度中国女性创业经济大奖"。她还曾获"全国五一劳动奖章""全国三八红旗手"等多项殊荣。

虽然对于董明珠的能力，没有人质疑，但有人说董明珠过于霸道，太自我，缺少女性的温柔。可了解董明珠的人都知道，那只是工作中的她。私底下的董明珠，是一位非常温柔的母亲。1954年，董明珠出生于江苏南京一个普通人家。1975年，毕业于安徽省芜湖干部教育学院统计学专业，同年7月参加工作，在南京一家化工研究所做行政管理工作。参加工作后不久，董明珠结婚了，并在1982年生下一子。一家人在南京过着快乐的生活。可原本美满幸福的三口之家，却因为一场意外改变了。从此，董明珠自己的命运也发生了变化。

1984年，董明珠的丈夫因病去世，当时儿子才两岁，家庭行将倾覆。要强的董明珠对生活依然充满着憧憬和希望，想出去闯一闯。于是1990年，36岁的她毅然辞掉南京的工作，南下广东打工，当时儿子才8岁，被留在奶奶身边照看。因为长年不在儿子身边，所以只要说起儿子，外表强势的她，满眼流露出的都是温情。

董明珠很喜欢谈孩子，聊到儿子时，笑容的背后藏不住作为母亲的骄傲和自豪。董明珠说，她的儿子很懂事，从小没在母亲身边，很早就学会了生活自理。现如今，儿子研究生毕业了，可他不愿意生活在母亲的光环下，于是就和所有应届毕业生一样要自己找工作。因为事业的原因，一直以来，董明珠照顾儿子的时间很少，但歉疚不代表后悔，董明珠说："虽然这些年我最对不起的人就是我的儿子，但也锻炼了他独立自强的性格。"

2006年,董明珠荣获了"CCTV中国经济年度人物"后,站在领奖台上的她没有流泪,但收到儿子的一条"亲爱的妈妈,恭喜你"的短信后,她泪如雨下。

就是这样一位刚柔并济的女人,缔造了一段中国空调史上的传奇。

4. "低调"的朱江洪

提起董明珠,人们多尊称她为"格力女皇"。谁都知道她是格力的风云人物,纷纷对其投入了更多的关注。可当人们将目光都投向董明珠的时候,却忽视了她背后另一位举足轻重的人物——朱江洪。董明珠给朱江洪的评价是"淡泊名利、宽广胸襟、大智若愚"。在董明珠的眼中,朱江洪已经到了大智慧的地步。

估计在中国所有家电企业最高领导人中,朱江洪是最低调的一个,以至于不少人认为他只是一个傀儡,作为总裁的董明珠才是格力真正的"女皇"。从表面上看,这样的说法似乎没有什么不妥,因为一直以来,站在媒体和经销商第一线的都是董明珠,而作为董事长的朱江洪则很少出现;另一个可以作为佐证的是,在2007年年底的一次股权激励中,董明珠获得的股权与朱江洪相差无几。

不过,在熟悉朱江洪的人看来,这恰好是朱江洪任人唯贤的表现。事实上,朱江洪并不是一个软弱之人,这在格力电器与其大股东格力集团的"父子"之争中可见一斑,这场纷争最终以朱江洪兼任格力集团董事长、总裁和党委书记,彻底接管格力集团而告终。而在格力电器内部，即便是有"铁娘子"之称的董明珠，也很少和朱江洪爆发激烈冲突，这足以证明朱江洪在格力电器内部至关重要的地位。或许正是因为有了一位如此低调的董事长，格力才能始终稳居行业老大的地位。

1945年11月，朱江洪出生于珠海。1970年毕业于华南工学院机械系，分配到广西百色矿山机械厂，后任厂长。1988年，他回到故乡珠海，进入当时的特区工业发展总公司，担任下属的冠雄塑胶工业公司总经理、后兼任海利空调器厂厂长。1992年，格力电器公司组建，出任总经理。直至2001年，他升为董事长，董明珠升为总经理。

机械专业出身，决定了朱江洪在经营企业时，对产品质量的格外重视。事实上，格力取得今天的成绩，出众的产品质量起到了非常重要的作用。"要让用户觉得买格力的产品就是买放心、买舒心。交到用户手里的产品一定是百分之百放心的产品，我们绝不能把用户当实验品！"这是朱江洪经常挂在嘴边的一句话。

朱江洪对技术的执著也非常令人敬佩。为了培养格力的核心竞争力，他将人事大权、财政大权统统交给了副总，而自己紧抓技术开发不放。慢慢形成了格力电器模具开发和产品更新换代的核心能力。而且截至目前，格力开发了八千多种空调产品，拥有专利近千项，其中很多都是朱江洪本人开发的。从格力最初生产的"空调王"到后来风靡全中国的"冷静王"，从世界独一无二的灯箱柜机到高贵典雅的"空调贵族"，从环保健康的"格力2000"到小巧精致的"蜂鸟"，格力的很多产品都贯彻了朱江洪的设计理念。

空调多联机如今已是国内空调业经常用到的技术，可在10年前，一拖四的中央空调仍然是我国空调企业难以攻克的技术难题。为了这项技术，朱江洪甚至想到无论花多少钱都要买来。可是最后，日本工程师的一句话让他恍然大悟，"你要买？这怎么可能，我们研发花了16年呢！"

的确,核心技术靠买是不行的,必须靠自己研发。从日本失望而归后的日子被格力称作"卧薪尝胆",没有图纸、没有技术,所有难关都是由格力的技术人员自己攻克、解决。值得欣慰的是,这项研发时间比日本同行足足少用15年。随后,格力中央空调逐渐实现了一拖六、一拖八,目前已一拖两百多。现如今,在空调技术领域已经一马当先的格力再也不用羡慕日本人了,朱江洪更可以挺直腰杆说:"日本可以在零下15度的条件下制热,而我们却可以在零下20度的条件下制热。"

对于格力今天取得的成绩,朱江洪功不可没。朱江洪不但为格力奠定了基础,而且也栽培了董明珠。朱江洪不仅是董明珠征战商场的坚强后盾,同样也是格力的另一位灵魂人物。

5."珠海二珠",伯乐与千里马

在中国企业领导层中,"男女搭配"是中国区别于西方的独特管理现象。海尔集团的张瑞敏和杨绵绵,海信集团的周厚健和于淑珉,天狮的李金元和白萍,志高的李志浩和张平等都是典型例子。

实际上,业内人士都很好奇,格力这样一个中国家电企业中的"另类",是如何成就今天的辉煌呢?格力成功的秘诀是什么呢?经过多年的研究,人们发现,是格力两位灵魂人物的合作,带领格力走到了今天。家电行业的人都说,"遇到董明珠是朱江洪的福气,遇到朱江洪是董明珠的运气"。竞争对手也说,这两个人要是吵架,或者有一个人生病,又或者有一个人退休就好了。的确,格力能发展到今天，朱江洪和董明珠两个人起到了关键作用。就如同董明珠所说的：
"我认为我成就了朱总，朱总也成就了我，我们共同成就了格力。"

见过朱江洪和董明珠的人都会质疑，这样的一对组合怎么能将格力做得如此成功呢？如果单从性格上看，他们两个人根本没有共同点。朱江洪为人敦厚朴实，董明珠为人泼辣"难缠"；朱江洪埋首于技术，醉心于空调自主知识产权，董明珠则喜欢在烽烟四起的市场上搏杀。然而正是这样的搭配，弥补了双方的不足。

董明珠对营销有着天生的敏感，她也喜欢在市场中"兴风作浪"，可是如果离开了朱江洪的支持，她能否留在格力电器，都是一个未知数。这也从侧面证明了，朱江洪任人唯贤，胸襟宽广的性格特征。

董明珠有能力，有魄力，做事讲原则，一切以公司的利益为主。她的性格，在格力这样一家国有企业中，是很不受待见的。因为她的大刀阔斧，触犯了很多人的利益，也遭到过这些人的攻击，可以说，那时候如果不是朱江洪给了她强有力的支持，董明珠可能早就被排挤出了格力。从以下几件事中可以看出，朱江洪对董明珠的支持有多大。

董明珠负责南京市场的时候，有一年空调大降价，各家企业打起了"价格战"。格力内部很多人呼吁降价，因为不降价企业就没有竞争力。朱江洪是格力的掌门人，他很犹豫。后来，他打电话询问董明珠："要不要降价？"董明珠经过调查给出的回复是："不降价。降价也卖不出去。"最后朱江洪采纳了董明珠的意见。当年格力空调没降一分钱，但销量仍比去年高。事后，董明珠才知道，全公司只有她一人坚持不降价，但朱江洪仍然接受了她的意见。

还有一次，朱江洪生病住院，格力又遇到了是否降价的两难选择。那时董明珠虽然已升为经营部部长，但职位有限，没有权利参加公司的高层会议。后来，当降价的决定呈送到朱江洪面前时，朱江洪第一个问的是：董明珠是什么意见？她是否支持降价？当朱江洪听到董明珠坚持不降价的理由时，他又一次站在了董明珠这一方。这一次，整个格力只有他们两个人坚持不降价。但后来的结果再一次表明，他们的决定是正确的，当年格力的销售额不降反升。

为了什么朱江洪总是坚定地支持董明珠呢？原因是这对格力将帅在人格品德上有着高度的一致。他们都将国家利益、企业利益放在了第一位。一句话可以反映朱江洪和董明珠做事的理念："在感情上将公司当成自己的，而事实上它是国家的。"也许就是这种"一心为公"的理念，让朱江洪和董明珠这两个性格截然不同的人可以抛开一己之利，取长补短，朝着共同的目标前进。

当然，朱江洪支持董明珠的另一个重要原因是，董明珠确实有本事。董明珠曾高傲地说过："没有我，就没有格力的今天。"的确，在朱江洪专注技术研究的时候，在格力处于困境的时候，都是董明珠力挑重担，带领格力步履蹒跚地前行。出任主管营销工作的经营部部长时，董明珠不嫌"官小"，不仅不抱怨，还干得有滋有味。那时候，她工作拼命到每天只睡5个小时，就是说梦话的时候，说的也全是格力。

董明珠上任经营部长时，账册上的应收款高达五千多万元，而且相当一部分根本无法追回。但在董明珠接手后不久，格力连一分钱的应收款都没有。当上格力副总后，董明珠创造了独一无二的销售公司模式，一举解决了经销商之间的利益纠纷。可当这种模式落伍时，她又率先在湖南、安徽等地"削藩"。2004年，在董明珠的坚持下，格力与家电霸主国美翻脸，但格力的销售额并没有受到影响。后来，在格力"父子之争"中董明珠又有突出表现。董明珠在格力的一系列大行动中，都证明了她是一匹名副其实的"千里马"，而朱江洪这位"伯乐"支持她，自然是顺理成章的事情。

除了人格品德上的一致，朱江洪和董明珠之间相互的宽容与欣赏也是其合作成功的关键。很多人都评价董明珠"难缠""走过的路不长草"，可厚道的朱江洪却说："她是一个好人，就是嘴巴不饶人。"董明珠为人虽然强硬，但遇见这样的上级，也不能不被感动。董明珠多次提到朱江洪让车位的事。一次，她和朱江洪分别驱车去珠海一家饭店宴请经销商。这家饭店因为在当地非常有名，所以生意火爆，车位难寻。朱江洪与几位经销商率先到达，正巧看见有个车位，朱江洪对司机说："将这个车位留给董总。"吩咐之后，为了怕被别人占去，他亲自守在门口等候董明珠的车子到来。之后，几个经销商告诉董明珠朱江洪让车位的故事，董明珠非常感动，并且一直铭记于心。

在董明珠的办公室里挂着一幅字画："献身企业忘自我，棋行天下女豪杰"。这是朱江洪在2005年8月送给董明珠的生日贺礼。那年，董明珠51岁。董明珠的第二本自传《行棋无悔》中也专门有一章"风雨同舟"，谈到了她和朱江洪的事业默契。董明珠说："我希望有一天能超过朱总，我相信他也希望我能超过他；但我还相信，朱总希望自己永远站得比我高，就像他现在是董事长我是总经理一样……格力要发展，离不开我们两人的精诚合作。说句稍微出格的话，如果不是我1994年回来帮忙整顿经营部，格力不会有今天。从这一意义上讲，朱总也是幸运的，如果他不认识我，将会是他的一大遗憾。"

其实，对于到底是朱江洪成就了董明珠，还是董明珠成就了朱江洪这个问题，已经不是很重要了。重要的是他们一起成就了格力。现在，朱江洪是格力电器的董事长，而董明珠是格力电器的总裁。正是在这对"珠海二珠"齐心合力的领导下，格力电器从一个生产能力不足2万台的空调小厂，一举成为中国空调界的领军者。是他们两个人挥举着大旗，让格力在前进的道路上所向披靡。

6.铿锵玫瑰，自信的美丽

在大多数人的想象中，董明珠是一个非常强硬的、男性化的女人。但是见到了她之后，都觉得她不像自己想象中的那个人，因此第一句话往往都是："你是董明珠吗？"他们突然觉得董明珠很有女人味，尤其是不谈工作的时候更是如此。

在众多女掌门人里，董明珠可谓是最会打扮的一位。因为热爱工作之故，她的办公室也成了一个家，里面摆放着许多相框，每个相框里都有一个巧笑嫣然的董明珠。她的波浪头、珍珠项链、深色外套、大红腰带或鞋子无不透露出女人爱美的本性。当人们提及她这种本性时，董明珠从不回避，坦然承认。

虽然平时工作很忙，但只要有时间，董明珠也喜欢逛商店，而且是逛打折店。要是能淘到物美价廉的打折货，她也会像平常人一样兴奋不已。

"20元钱的帽子，我觉得戴着很好看。"一个女人的特性，在此时暴露无遗。其实，以董明珠的经济实力，买东西的时候又怎么可能会在意价格呢？她之所以如此做，无非是想享受一下普通女人的乐趣而已。人往往就是这样，没有钱的时候，拼命赚钱，钱够花了时，就希望在一些小事上得到乐趣。董明珠就是如此。她享受的并不是用很便宜的价格买到了一顶帽子，她享受的是买帽子的过程。

董明珠爱美，也喜欢听别人称赞自己美。一次，有人曾半真半假地公开对她说，她是最丑的。董明珠说，在几个兄弟姐妹中自己是最丑的，但在外面看来自己是最美丽的，因为别人在同她交谈时能获得快乐，一个能给别人带来快乐的人是最美丽的。这是实情。而且在千千万万个经销商、员工、用户和慈善受益人眼里，董明珠给他们创造的价值不能仅仅用快乐来形容。

对于女性来说，帮助自己克服内心不自信和生活不幸的一个重要因素，是对自己外貌和内心强烈的信任感。董明珠与别人一样，同样需要保持这种自信。在参与商海搏击之后，她对自己的原则和信念有了越来越强烈的自信。同样，她对自己的形象也非常看重和在意。

和坚守原则的个性相映成趣的是，董明珠在穿着上一反倔强固执的作风，几乎不穿标志着成功女性的职业装。在镜头上，会场前，每次她的衣着都不重样。在男性主导的家电业，董明珠不管走到哪里，都会和身边一律西装革履包装的人们区别开来。

有熟悉董明珠的人说，她这个人收集的衣服很多，却很少穿职业装。的确，从各种资料上找到董明珠的相片都可发现，不管在什么场合，她都很少穿职业装出现。

一个对下属的穿着要求都要进行干涉的总裁，却对自己的穿着打扮如此"放纵"，如果我们以"只许州官放火，不许百姓点灯"的思维去揣测董明珠，未免显得过于小气。

仔细观察董明珠平时的穿戴，你就会发现，她的服装风格总是介于职业装和休闲装之间，而这一服装风格在近年来不断受到职业女性的追捧。董明珠无意之中又在职业女性的服装上领先了一步。这一点，恐怕是连董明珠都没有预料到的。

董明珠不喜欢穿职业装，不仅仅因为她是一个女人，她爱漂亮，还因为她不喜欢受约束。董明珠的思维比较活跃，她不能忍受约定俗成的惯例对她的约束。在行动上，她一而再、再而三的惊人举动更是让人认识到，她是一个在任何事情上都喜欢掌握主动权的人。

有人称董明珠为女强人，对此董明珠不置可否，也许是自知无法堵住别人的嘴的缘故。不过,董明珠偶尔也会强调:"我不是什么女强人。"她自称是"做平凡事、做平凡人"的女人,她做人的原则是尽力做好每一件事。做员工、做领导,要敢于承担和奉献,位置不同,但都是做好一件事。对董明珠来说,最重要的就是企业,如果自己离开企业,就没有了价值。快乐对她而言是战胜了困难,而不是今天穿了什么衣服。

很多记者在采访董明珠时,都被她高贵而典雅的形象所震惊。而据董明珠手下的员工反映,"董总天天都这么漂亮"。有些生意场上不服气的人专程买机票来看看董明珠是何等人,见了她之后也都掩饰不住自己的吃惊:"你怎么这么漂亮?"这时候,董明珠就会反问一句:"怎么女领导非得很丑吗?"

时光荏苒,岁月飞逝。20年来,董明珠凭着一心把企业办好的奉献精神,经历过各种风雨,也获得过各种普通人所得不到的荣誉。可以说,"立功"她已经做到了。可岁月是冷酷的,时间的流逝在董明珠脸上添加了细细的皱纹。当初她为了享受一份宁静而来到珠海,没想到一脚踏进空调行业,得到的却是无休止的加班和马不停蹄的奔波。也许安宁的生活唾手可得时,结果反而被我们所忽视;等到离我们远去的时候,我们却已经穿上红舞鞋转个不停了。生活往往就是这样。如今到了"知天命"的董明珠,虽然依旧高贵典雅、风采依旧,但私下里,她却变得不爱照镜子了。

对此,董明珠持有一个开放的心态,她说:"人总是要老的,早老和晚老并没有不同。谁的一生都会遇到困难,只是问题性质不同而已。两年前人家说我'漂亮',现在只肯说'精神'。但我很快乐,不遗憾,做人很透明,因此不胆怯。别人说'夹着尾巴做人',我都没有尾巴,夹什么夹!也许将来我退休了,会办一个提供免费咨询的服务公司,给中小企业提供帮助;或许干脆带孙子,多快乐!"

董明珠确实是一个女强人,但女强人的生活让她失去了很多平凡的快乐。她不喜欢"女强人"这个称号的原因可能正在于此吧。但她依然在岁月的河流中自信地美丽，自信地迎接下一幕风景的到来。

7.儿子是永远的安慰

人们常说，当一个女人说她的快乐只有在事业中寻找时，内心一定充满了人们难以想象的孤寂与苍凉。董明珠的一生也不是一帆风顺的，在拥有许多荣誉与掌声的背后，寂寞与泪水应该也不会少。今天董明珠的一举一动，都让竞争对手无比牵挂。作为一名事业成功的女性，她唯一的遗憾就是放弃了自己的一部分生活和亲情。每每谈到儿子，她和任何一个普通的母亲一样，会从内心里发出爽朗的笑声，也会情不自禁地落泪。

董明珠36岁离开南京到深圳创业时，儿子刚上小学二年级。董明珠把儿子留在了她妈妈那里。在深圳工作时，董明珠只有出差时才有时间回去看儿子。每次回家，儿子也不说话，就像小猫一样依偎着她，生怕一松手，妈妈就不见了。外婆让他早点睡觉，他总说不困。而当董明珠跟儿子说"快去睡吧，妈妈一会儿去陪你"时，他就一下子蹿到床上去了。

在南京格力空调做销售两年多的时间里，董明珠几乎每天都在市场上奔波，很少回家看看母亲和孩子，有时偶尔路过家门口回去一下，由于很晚，母亲和孩子都睡了，第二天她又很早离开了家。当董明珠在"价格战"上打了胜仗后，她决定回家好好地待几天，陪陪母亲和孩子。那天,儿子回到家看到她躺在沙发上时,显得特别高兴。结果这个时候电话响了,格力一批销售员"集体辞职",要董明珠回去处理。董明珠来不及和儿子说几句话,就匆匆收拾行装,向火车站奔去。

在上火车的那一刹那,她清楚地看到儿子脸上的泪,望着儿子,她也泪如雨下。

每次想起儿子,董明珠锐利的眼神就会变得柔和起来,母性的柔情尽览无遗。作为一个母亲,董明珠跟任何一个普通的母亲没有任何区别,她一样对自己的孩子有一份真诚,一份亲情的投入。

还有一次,董明珠去看儿子,临别时儿子面带笑容地说"妈妈再见"。董明珠出门后,发现有东西落在家里,就赶紧返回去拿。经过孩子房间,她想打开被子再看孩子一眼,结果她撩开被子,却发现孩子蒙在被子里哭得满脸鼻涕和眼泪。董明珠的心一下子被揪紧了。那一刻,她意识到自己作为一个母亲,给予孩子的太少了。儿子看到母亲又回来了,赶紧把眼泪擦干,还装着笑说:"妈妈你快走吧,我没事的,我没事的。"

从小孩子就知道,妈妈没有时间陪自己。看到孩子这么小就这么懂事,明明舍不得她走,却又忍着不说出来。董明珠搂着儿子,眼泪再也忍不住地流了下来。那一刻,她真想放弃所有的一切,好好地陪着儿子,看着他慢慢地、健康地成长。

那一幕,深深地刻在了董明珠的心里,成为她一生都挥之不去的痛。

后来儿子慢慢长大了,再不会在妈妈面前掉眼泪了。他坚强而自立,学习一直很努力,生病的时候也不声张,给了母亲很大的支持。他会开玩笑地提出抗议:"报纸上老表扬妈妈,也应该表扬我。没有我这么懂事,妈妈怎么能安心工作,我从来没让妈妈操过心。"

可是,董明珠给予儿子的爱实在太少了。当儿子需要她的关爱时，她在外漂泊；当儿子孤身旅行，需要她保护时，她含泪让儿子独自面对风雨。这一切，作为一个母亲，她是不是太"狠"了？

董明珠能够走到今天，的确离不开儿子的支持。虽然说她和儿子见面的次数少得可怜，可是只要一想到儿子，她的心中就有丝丝安慰。儿子如今已经长大成人，走上了社会，过着自己想过的生活。这么多年，儿子从没有向她抱怨过什么，反而特别理解她、支持她，她又怎么能够不感到安慰呢？

有时董明珠觉得，只有远离格力的时候自己才是一个女人，一个母亲。自己对得起公司，对得起用户，也对得起自己，可唯独对不起家人，尤其是儿子。她甚至想，自己要是一个普通的家庭妇女该多好，如果那样，儿子或许会更幸福。

董明珠的儿子12岁时第一次坐飞机，当时儿子问董明珠乘飞机那天能不能送他，以董明珠当时的经济实力和条件当然可以做到，但她跟儿子说不行，没时间。儿子退一步说能不能让她的同事送他，也被董明珠拒绝了。儿子到达目的地时，格力的营业员去接他。后来，营业员告诉董明珠，孩子简直就是从机场冲出来的。那时广州机场比较乱，孩子又小，让他一个人从珠海乘公交车到广州机场坐飞机，确实很残酷。他内心的紧张感和没有安全感可想而知。

那是一个只有12岁的孩子，一个人坐上公交车，又一个人上了飞机，心里都在想什么。他的心里仅仅是恐惧吗？也许，还有一份对亲情的期盼。或许，他让母亲送他，只是想和母亲多待一会儿。虽然他从小就习惯了掩饰自己的感情，可他毕竟还是个孩子，一个盼望母亲疼爱的孩子。在别的孩子那里，也许已经对父母过多的爱感到厌烦，可到了他这里，母爱显得那样单薄。

1995年，董明珠遭遇车祸，住进了医院，连做了两次CT，她心里有点发慌，以为肯定是问题比较严重了。就是在那一瞬间，她想到了儿子，忍不住失声痛哭。后来儿子来了，静静地抓着母亲的手，什么也没说。她自己后来感慨，人往往就是这样，生病的时候就想出院以后再不这么辛苦了，但是在面对现实的时候，在必须要付出的时候，还得挺身而出。

再坚强的女性，再叱咤江湖的空调铁娘子，也是一个平凡的母亲。在董明珠的办公室里，无数的奖杯和奖章中间最醒目的还是儿子的照片。她的手机里也全是和儿子的合影。每当提起儿子时，董明珠母性的温情就会全部流露出来。"我儿子都比我高一头了，研究生已经毕业了。"也许人生不能两全，成功的背后总是有遗憾。虽然儿子已经研究生毕业，但过去的时光仍令董明珠感慨万千。

董明珠在荣获央视"2006年CCTV中国经济年度人物"后，回首自己走过的艰辛和坎坷，她只是嫣然一笑。但当她站在领奖台上突然收到儿子的祝福短信"亲爱的妈妈，恭喜你"时，董明珠再也控制不住眼里的泪水……

在如何教育孩子的问题上，董明珠有自己的观点。在儿子的成长过程中，董明珠认为应该让孩子多经受磨砺，如果让他生活在蜜罐里，对其成长是十分不利的。她认为对孩子的"溺爱"并不是好的教育方式。在她看来，最好的母爱，应该是给孩子一个发展的空间，让他自己去判断事物。

从培养孩子健康发展的角度来说，董明珠的看法无疑是正确的。

也正因为如此，当被问到"最伟大的成就是什么"时，董明珠非常自豪地说："两方面：没有溺爱儿子，让他能够懂事地成长；使格力成为中国的名牌，并成为世界名牌。"

在很多采访董明珠的电视节目里，儿子都没有出现，因为他不希望在母亲的背影下生活，不想因为母亲而让自己在社会上享受不一样的待遇，选择工作也希望到不认识母亲的地方去。他希望在这个过程当中找到属于自己的自信。母子两人见面的机会虽然很少，但还是会通过电话联系。

儿子的电话打得很少，母亲后来慢慢理解了，既然自己希望他成才自立，就不能希望他围着自己转。她要给儿子一个自由发展的空间，只在旁边适当地引导他，鼓励他成为对社会有贡献的人即可。

董明珠是一个鲜少流泪的女人。就是这么一个坚强的女人，在建立自己的商业帝国时所向披靡，但当面对儿子时，一种内心的愧疚和温情却让她禁不住泪流满面，那是长久以来她隐藏在心中的深深的爱……

附　录

董明珠创业年度荣誉简历

∴∴∴∴∴∴∴∴∴∴∴∴∴∴∴∴∴∴∴∴∴∴∴∴∴∴∴∴∴∴∴

1975年7月,参加工作。

1990年,加入珠海格力电器股份有限公司,先后任业务经理、经营部部长、副总经理等职务;2001年4月底,任珠海格力电器股份有限公司总经理。

1996年,她带领23名营销业务员迎战国内某厂家近千人的营销队伍,夺得全国销量第一,而且没有一分钱的应收账款。其营销绝招至今还让人津津乐道,令对手心服。

1998年9月,她领导的格力电器销售公司被广东省委、省政府授予"1997年度广东省模范集体"称号。

1998年,获"全国优秀女职工""广东省优秀女厂长(经理)"称号。

1999年,获国务院颁发的"全国五一劳动奖章"。

2000年,被北京青年报评为"1999家电十大新闻人物",并获"广东省三八红旗手"称号。

2002年3月,获中国女企业家协会颁发的"全国杰出创业女性"称号,并当选为珠海市女企业家协会会长。

2002年9月,获得首届中国成功女性企业家大会颁发的"中国企业女性风云人物"称号。

2003年1月,当选为第十届全国人大代表。

2003年3月,被全国妇联同时授予"全国三八红旗手"和"全国巾帼建功标兵"称号。

2003年11月,荣获2003首届世界华商妇女大会"十大最具影响力的华商妇女"称号。

2003年12月,被评为"南粤优秀女企业家十杰"和广东省"三八红旗手"称号。

2004年1月,当选2003年度珠海经济年度人物。

2004年3月,当选人民日报《中国经济周刊》评选的2003—2004年度"中国十大女性经济人物"。

2004年3月,当选广东省妇联主办的第三届"南粤巾帼十杰"。

2004年3月,被评为"2003家电业十大新闻人物"。

2004年6月,被授予"受MBA尊敬的十大创新企业家"称号。

2004年10月,被中山大学管理学院聘为"兼职教授"。

2004年10月,荣登美国《财富》杂志评选的"全球50名最具影响力的商界女强人"榜。

2004年11月,被授予"2004年度中国十大营销人物"称号。

2005年1月,被授予"最具价值十位卓越商业领袖"和"影响中国家电未来发展趋势的十大创新人物"称号。

2005年6月,受聘为珠海市红十字会荣誉会长。

2005年11月,当选为珠海企业发展研究会名誉会长。

2005年11月,再次荣登美国《财富》杂志评选的"全球50名最具影响力的商界女强人"榜。

2006年1月,荣获"2005广东十大经济风云人物"称号。

2006年2月,获"中国上市公司最佳风尚女董事"称号。

2006年3月，当选为"珠海十大魅力人物"之一。

2006年3月，荣获"2005年度中国女性创业经济大奖"。

2006年5月，受聘为南京理工大学MBA校外导师。

2006年5月，当选"家电行业十大华人领袖"。

2006年6月，当选"2006自主创新竞争力十大人物"。

2006年12月，荣膺"2006年度合肥十大经济人物"。

2007年1月，荣获《经理人》杂志"正在影响中国管理的十位女性"称号。

2007年1月，荣获《当代经理人》杂志推出的"2006年度50位最具领导力CEO"称号。

2007年1月，当选为2006年珠海经济年度人物，并荣获科技创新奖。

2007年1月，荣膺2006年CCTV中国经济年度人物。

2007年3月，当选"推动中国企业品牌化进程的50位风云人物"。

2007年4月，当选为"2006中国十大卓越首席品牌官"。

2007年4月，被授予"最具控制力粉红领袖"称号。

2008年1月，荣获时代先锋"第四届全国改革创新十大突出贡献奖"。

2008年1月，当选第十一届全国人大代表。

2008年2月，被评为"2007年中国十大诚信英才"。

2008年2月，当选"中国妇女时代人物"。

2008年5月，当选《财富》(中文版)评出的"中国最具影响力的25位商界领袖"。

2008年6月，被中国企业教育百强评选委员会评为"第四届中国十大企业教育领袖"。

2008年10月，三度荣登美国《财富》杂志评选的"全球50名最具影响力的商界女强人"榜。

2008年10月,被合肥市政府聘请为合肥市(家电)产业发展顾问。

2008年11月,当选为全国妇联第十届执行委员会委员。

2008年11月,荣获"全国优秀创业女性"称号。

2008年11月,荣登由《东方人物周刊》《参考消息》《北京参考》、BTV财经频道、新浪财经、中国国际广播电台环球资讯等主流媒体联合主办的"谁将影响下一个30年——赢在未来·商界领军人物百强"榜。

2008年12月,荣登由《中国经济周刊》主办、人民日报海外版、人民网特别协办的"改革开放30年中国经济百人榜",荣获"中国改革开放30年电子信息业十大领军人物"及"中国改革开放30年创新人物"奖。

2009年3月,四度荣登美国《财富》杂志评选的"全球50名最具影响力的商界女强人"榜。

2009年3月,荣获东方卫视"2008年度非凡女人"称号。

2009年4月,再次入选《财富》(中文版)"中国最具影响力的商界领袖",排名第三位。

2009年4月,入选《中国企业家》杂志评选的"30位年度商界木兰"。

2009年6月,荣膺"2009中国10大品牌女性""影响中国发展进程的60位品牌女性"称号。

2009年9月,五度荣登美国《财富》杂志评选的"全球50名最具影响力的商界女强人"榜。

现任中国家电协会副理事长、广东省女企业家协会副会长、珠海市女企业家协会会长。

曾任珠海市政协委员、常委。